탐라국, 제주

천천히읽는책_74

주강현 선생님이 들려주는 제주 이야기

탐라국, 제주

글 주강현

펴낸날 2024년 11월 21일 초판1쇄
펴낸이 김남호 | 펴낸곳 현북스
출판등록일 2010년 11월 11일 | 제313-2010-333호
주소 07207 서울시 영등포구 양평로 157, 투웨니퍼스트밸리 801호
전화 02) 3141-7277 | 팩스 02) 3141-7278
홈페이지 http://www.hyunbooks.co.kr | 인스타그램 hyunbooks
ISBN 979-11-5741-422-2 73910
편집장 전은남 | 편집 강지예 | 디자인 디.마인 | 마케팅 송유근 함지숙

주강현 선생님이 들려주는 제주 이야기

탐라국, 제주

글 주강현

현북스

탐라의 고단했던 역사

독립된 탐라 왕국이었던 제주도는 고려 시대 말에 이르러 육지에 통합되었습니다. 탐라가 사라지고 제주로 변한 것입니다. 육지에 복속되면서 많은 수탈에 시달렸으며, 그때마다 민란이 벌어지곤 했습니다.

몽골이 지배하던 당시에는 탐라총관부가 들어서고 말 목장이 설치되었습니다. 말을 키우는 전통은 조선 시대에도 이어져서 제주도는 국영 목장으로 활용되었습니다. 전복 등을 과도하게 바쳐야 하는 의무가 부여되어 많은 남성들이 섬을 떠나 육지로 도망을 갔습니다. 이로부터 여성들이 물질을 도맡아 하여 해녀가 탄생했습니다.

나라에서는 도망치는 사람들을 막기 위하여 출륙 금지령, 즉 섬에서 육지로 나가지 못하게 하는 악법을 만들었습니다. 제주민에게는 고통스러운 시절이었지요. 섬 전체가 '살아 있는 감옥'이 되어 많은 이들을 귀양 보내는 장소로 활용되었습니다.

바람 불고 척박한 토지에서 제주민은 '수눌음(육지의 품앗이에 해당)' 같은 공동체적 삶으로 어려움을 이겨 냈습니다. 궨당이라는 끈끈한 결속력도 이루어졌습니다. 제주에 존재하는 다양하고 특이한 풍습은 어려운 자연 여건을 극복하여 살아가야만 했던 사람들의 지혜와 노력이 만들어 낸 것입니다.

근현대에 들어와 많은 제주민이 살기 위해 일본 등지로 떠났습니다. 4·3으로 인하여 많은 이들이 희생당하는 역사적 아픔도 겪었습니다. 고난의 역사는 지금도 흔적을 남기고 있지요. 이제 국제 관광지가 되어 엄청난 수의 사람들이 방문하고 있으며, 환경과의 조화는 제주도의 큰 목표가 되었습니다.

제주도의 역사는 고단했지만 그 속에서도 사람들은 자신의 삶을 일구었습니다. 다채로운 전통과 풍습이 남아 있는 섬, 해녀의 섬이자 신들의 고향, 한때 탐라로 불리던 제주도로 떠나 보겠습니다.

주강현

|차례|

탐라의 섬

해상 강국이었던
독립 왕국

역사에서 잊힌 탐라

제주는 원래 고구려·백제·신라 같은 삼국과 달랐으며, 엄연히 '탐라'라는 독립 왕국이었지요. 탐라의 호칭은 문헌에 따라 달랐습니다. 섭라, 탐모라, 담라, 탁라 등으로 불렸는데 그중에서도 역시 탐라로 오랫동안 불렸습니다. 탐라는 고대 사회의 해상 강국이었습니다.

삼국 시대에 신라는 황룡사 9층탑을 세워 이웃 나라가 침범

탐라 성주 왕자의 무덤

하는 재앙을 막으려고 했지요. 탑의 층별로 담당 국가를 정하여 나라의 안전을 기원하였습니다. 1층 일본, 2층 중국, 3층 오월, 4층 탁라, 그 밖에 말갈, 거란, 여진, 예맥 등을 부처님의 힘으로 누르고자 했다는 기록이 《삼국유사》에 있습니다. 탁라(탐라)가 신라를 위협하는 대상이었음을 알 수 있지요.

제주란 호칭은 탐라 멸망 이후에 붙여졌습니다. 고려에 관해 조선 시대에 쓰여진 역사책 《고려사》에 의하면, 고종 16년(1229)에 제주라는 단어가 처음으로 등장합니다. 탐라가 멸망하여 육지의 일부 '주(州)'가 되면서 제주로 바뀌었지요. 이로써 독립성을 잃은 탐라는 우리 역사책에서 사라졌지만, 탐라가 엄연한 독립 왕국이었다는 사실을 기억해야 합니다.

왕국으로 가는 비밀의 열쇠

제주에 인간이 살아온 역사는 선사 시대로 거슬러 올라갑니다. 고산리의 자구내 포구에는 구석기에서 신석기로 넘어가는 시대의 유적이 남아 있습니다. 애월읍 어음리의 빌레못 동굴,

조천읍 북촌리의 바위 그늘 유적

서귀포 천지연에는 구석기 유적이 있습니다. 대정읍 상모리와 안덕면 사계리 해안 퇴적층에는 사람과 여러 동물 발자국 화석이 찍혀 있습니다. 바닷가를 거닐던 사람과 동물들이 남긴 것이지요. 또한 제주시 삼양동에는 기원전 3세기에 최초로 형성된 대규모 마을 유적이 있는데, 이는 탐라 왕국과 연관이 있는 마을입니다.

탐라의 역사가 본격적으로 시작된 곳은 제주 시내입니다. 제주목사로 있던 이원진은 《탐라지》(1653)에서 "처음에 고을나, 양

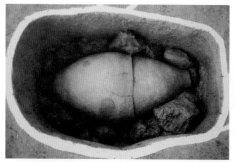

삼양동 청동기 시대 독널

고산리 유적의 융기면 토기

법화사 명문기와

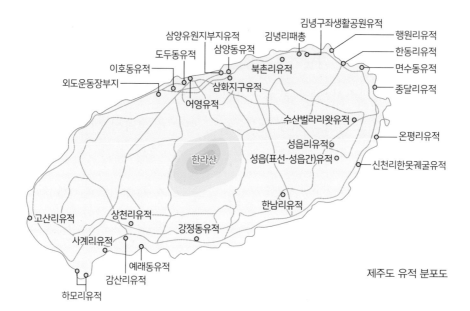

애월읍 빌레못동굴의 곰뼈

제주도 유적 분포도

을나, 부을나라는 형제 세 명이 그 땅에 나누어 살았는데, 그 거주하는 곳을 도"라고 하였습니다. 오늘날 제주 시내의 일도동, 이도동, 삼도동 명칭에 그 '도'를 남기고 있습니다. 오늘의 제주 중심가가 탐라 왕국 시절에도 중심가였음을 알 수 있지요.

탐라국 탄생의 비밀은 삼성혈에서 알 수 있습니다. 조선 중종 때의 지리서 《신증동국여지승람》에 따르면, 탐라의 개국시조 고·량·부 세 신인(神人)이 땅으로부터 솟아났다고 하였지요. 이들은 형제였는데 맏이는 양을나, 둘째는 고을나, 셋째는 부을나로 수렵 생활을 하면서 가죽옷을 입고 고기를 먹으며 살았다고 합니다. 그러던 어느 날, 세 신녀(神女)가 가축과 오곡의 종자를 가지고 표류해 옵니다. 이들은 활을 쏘아 주거지를 정하고 세

제주목사 이원조의 《탐라록》

김상헌의 제주 기행문 《남사록》

신녀와 혼인하여 국호를 탐라라 하고 나라를 엽니다.

세 신인이 땅에서 솟을 때 생긴 세 개의 구멍, 즉 삼성혈을 중심으로 연혼포, 혼인지, 삼시장올악, 삼사석 등에서 삼성 신화의 흔적이 잘 전해지고 있지요. 곳곳에 남은 제주 신화의 흔적들이 탐라 왕국의 흔적을 보여 주지만, 불행하게도 탐라 왕국의 역사는 글이나 책으로 전해 내려오는 문헌 기록이 거의 없기 때문에 신화로 추정할 수밖에 없습니다.

오래 계속된 몽골의 탐라 지배

원나라 시대에는 몽골이 탐라를 지배하게 됩니다. 원나라는 몽골족이 중국을 정복하여 세운 나라이죠. 몽골은 고려에서 탐라를 떼어 내어 직접 다스리기 위해 탐라총관부를 두었습니다. 몽골은 말을 키우는 목장이자 해양의 전초 기지로서 탐라에 관심을 두었습니다.

특히 몽골 제국의 다섯 번째 칸인 쿠빌라이 칸은 탐라를 끔찍이 아꼈습니다. 탐라는 '태평양에 뜬 유라시아 대륙의 향기'라고

몽골군의 일본 침입을 그린 《몽고습래회사》 중 한 장면 몽골군의 일본 침입 때 제주도가 전초 기지로 이용되었다.

불릴 만큼 쿠빌라이 칸의 섬이었기 때문입니다. 몽골은 많은 목호(목장을 관리하기 위해 온 몽골인)를 보내서 목장을 경영했습니다. 몽골인 같은 유목민에게 목축은 최대의 경제력이었으며 군사적 힘이었기 때문이지요.

당시에는 많은 것들이 바닷길을 따라 오고갔습니다. 사람과 말을 실은 배들이 끊임없이 중국 대륙과 제주도를 오갔지요. 탐라는 목장을 경영하는 몽골인에게 지배당하는 동시에 고려 왕조의 지배도 받으면서 나름 왕국의 명맥은 유지하였지만, 탐라

왕권은 그다지 단단하지 못했던 것 같습니다.

1360년대에 원나라가 쇠망하자, 중국 영토 내의 모든 몽골인은 말을 타고 유유히 북쪽으로 돌아갑니다. 그런데 제주에 와 있던 몽골군은 그대로 남아 살게 됩니다. 돌아가려고 해도 바다를 건너기 어려웠던 점도 있겠지만, 한라산 초원이 좋았던 탓도 있었겠지요.

무엇보다 많은 몽골인이 탐라 여인들과 결혼하여 자식을 낳았던 게 틀림없습니다. 오늘날 몽골에는 제주도로 떠난 지아비를 그리는 여인들의 한을 담은 노래 〈지주호트(제주 마을)〉가 구전되고 있습니다. 이 노래는 제주 여인과 인연을 맺고 영영 돌아오지 않는 목호들을 기다리던 몽골 여인들의 사부곡(아버지나 남편을 그리워하는 내용의 시나 노래)이 아니었을까요?

1374년, 고려의 공민왕은 마침내 최영 장군 등에게 교서를 내려 탐라의 목호들을 물리치게 하고 이로써 탐라가 평정됩니다. 목호들이 최후까지 강렬하게 저항할 수 있었던 배경에는 몽골-탐라 여인의 자손들이 뒷심으로 작용하지 않았을까요.

탐라 독립을 계속해서 희망하다

제주의 고단한 역사는 오래전으로 거슬러 올라갑니다. 지금으로부터 700여 년 전의 인물인 고려의 이재현(1287~1367)은 《익재난고》에 이렇게 기록했습니다.

"탐라는 땅이 좁고 백성은 가난하다. 지난날에는 전라도 장사꾼이 와서 옹기와 나락쌀을 팔아 주었는데, 이제는 팔러 오는 이가 드물다. 관이나 개인이 기르는 우마가 들판을 덮었으니 밭갈이를 하지 않고, 오고가는 벼슬아치들만 베틀의 북처럼 잦아 대접하기에 골몰하게 되니, 그것은 탐라 백성의 불행이어서 가끔 변이 생기는 것이다."

식량은 턱없이 부족하고 논밭은 목장으로 전락하였으며, 착취가 일상화된 고려 시대의 상황은 조선 후기까지 같았습니다. 또한 물 부족, 추위, 바람이 심해서 흉년이 계속되었습니다. 천재지변으로 인한 고난은 그나마 견뎌 낼 수 있었을 것입니다. 문제는 중앙 정부에 보내야 했던 지나치게 많은 세금과 관리의 횡포였지요.

탐라 이래로 제주의 중심이었던 제주목 관아 터

　사정이 이러하니 제주 사람들의 정신에는 중앙의 몰염치에 가까운 수탈에 대한 저항이 숨어 있습니다. 그 본능적 저항은 '육지 것'에 대한 거부로 나타났습니다. '육지 것'에 대한 저항의 역사가 오직 제주만의 것일까요? 세계 섬의 역사를 보면 대체로 같습니다. 타이완, 오키나와, 아일랜드 등 섬의 역사가 비슷합니다.

　제주에서도 고려와 조선 시대에 민란이 끊이지 않았습니다. 20세기 초반에 벌어진 이재수의 난같이 중앙 정부와 외세에 동시에 항거한 민란도 있었지요. 동학 농민 운동과 비슷한 민란이 제주에서도 벌어진 것입니다. 착취하는 관리에게 저항한 자그마한 민란은 그 숫자가 너무 많아서 하나씩 다 말하기 어려울 정도입니다.

전쟁에서 평화의 섬으로

제주의 어려움은 일제 침략으로 다시 시작됩니다. 일제는 제주를 태평양 전쟁(1941년 일본의 진주만 기습으로 시작된 일본과 연합국 사이의 전쟁)의 최후 거점으로 활용하고자 했습니다. 사실상 일본군의 제주도 군사 시설 설치는 일제 강점기인 1926년부터 시작됩니다. 제주가 일본 규슈와 중국 남부를 연결하는 전략적 요충지였기 때문이지요. 미군의 도쿄 대공습을 비롯해 일본 대도시에 공습이 본격화되자, 일본 군부는 일본 땅에서 전쟁이 일어나는 걸 막으려고 애를 씁니다. 제주도 함락은 곧 일본 서부 해안을 미군에게 내주는 것이었지요.

1945년이 다가오자 일본은 미군과의 결전을 대비해 제주 방

송악산의 해군 기지

제주도에서 철수하는 일본군

어에 주력하는 '결7호 작전'을 수립합니다. 제주 방어를 위해 일본·만주로부터 7만 5천여 명의 병력이 제주도에 모여들지요. 당시 제주 인구 23만 명에 견주어 일본군 숫자가 무려 32.6%에 달했습니다. 오름과 해안 100여 곳에 각종 진지를 포함한 요새가 구축됩니다. 대정읍 모슬포 알뜨르 해군 비행장, 제주시 정뜨르 육군 서비행장, 조천읍 진드리 육군 동비행장, 조천읍 교래리 비밀 비행장 등이 들어섭니다. 미군의 제주 상륙 작전이 이루어졌다면, 미국이 오키나와에서 벌인 결전에서처럼 엄청난 수의 제주 사람들이 죽임을 당했을 것입니다.

제주에는 또 다른 슬픈 4·3의 역사가 남아 있습니다. 4·3 사건이란 1948년 4월 3일부터 1954년 9월 21일까지 제주에서 일어난 민중 항쟁입니다. 항쟁의 진압 과정에서 많은 주민들이 희생되었지요. 해마다 4월 3일이 오면 봉개동 4·3평화공원으로 많은 사람들이 찾아와 인산인해를 이룹니다. 가족과 이웃을 보낸 이들의 한은 아직 풀리지 않았기 때문이지요.

이 평화공원에는 '시간의 벽'이 서 있습니다. 시간은 흘렀지만 벽은 아직도 단단하지요. 시간의 벽을 넘어 진정한 평화가 아직 오지 않았기 때문입니다.

만 명이 넘은 희생자와 3만 명이 넘은 유족이 발생한, 제주도가 생겨난 이래 전무후무한 희생이었습니다.

이후 제주는 세계에 '평화의 섬'을 선포했습니다. 더 이상의 전쟁과 학살을 피하고 평화를 추구하겠다는 의지입니다. 지난 날의 상처를 잊지 않고 미래의 희망을 위하여 평화라는 단어를 선택했지요. 평화의 섬 제주의 미래는 곧 한반도의 희망이자 세계인의 희망입니다.

제주4·3평화공원에 있는 시간의 벽

해금과 유배의 섬

무려 200여 년간
출륙을 금하였지요

출륙 금지령으로 잃어버린 항해술

　조선 시대에 정부가 제주 사람들에게 큰 배를 짓지 못하게 하고 출항 자체를 통제하자 제주는 고대 탐라의 해양 세계를 잃어버립니다. 슬픈 역사였지요. 동아시아를 나다니던 대양 항해술이 있었던가 싶게 제주의 해양력은 졸아듭니다. 출륙 금지령은 제주인과 외부 세계의 교류를 금지시켰던 실로 엄청난 사건이었습니다.

　인조 7년(1629)부터 순조 23년(1823)까지 무려 200여 년간 이러한 금지가 계속됩니다. 16세기 전반부터 유럽과의 접촉이 이루어지던 중요한 시기에 제주가 감옥으로 변하였지요. 그전까지 제주는 눈부신 해양력을 자랑했습니다. 몽골이 일본을 침략하고자 하면서 제주에 배를 3천 척이나 짓게 할 정도였는데, 뛰어난 조선술 없이는 불가능한 일이었습니다.

　하지만 출륙 금지령은 제주가 축적해 온 모든 해양력을 한순간에 날려 버렸으며 섬 백성을 옥죄었습니다. 굶주리는 백성이 각지로 떠돌면서 제주 인구가 줄어들게 되자 내려진 것이 1629년의 출륙 금지령입니다. 이 출륙 금지령에 따라 포구에서는 승

선자 허가증을 일일이 검열했습니다. 특히 제주 여성이 다른 지방 사람과 결혼하는 것을 국법으로 금지하여 제주에서 여성이 나가는 것을 엄하게 다스렸습니다.

그러다 보니 20세기 초반, 제주 해안에는 큰 배가 거의 없고 작은 통나무배인 테우가 보편적이었습니다. 오랜 출륙 금지령으로 돛배 자체를 금지하여서 배다운 배가 거의 사라졌기 때문입니다.

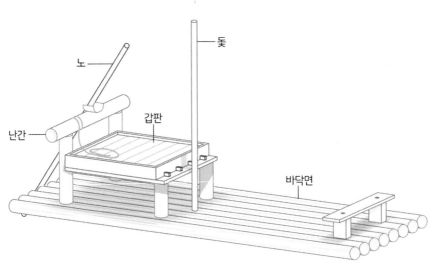

제주의 전통 고기잡이 통나무배인 테우 구조도

중죄인을 유배 보내는 처형의 땅

제주는 고려 시대부터 몽골의 유배지로 유명했습니다. 탐라가 원나라에 복속한 2년 뒤인 1275년, 원나라에서는 도적질한 죄수 1백여 명을 탐라에 귀양 보냅니다. 또한 몽골은 귀족일 경우 피를 흘리지 않고 죽이는 그들의 풍속에 따라 종신 유배지로 고려의 섬을 선호했습니다. 그러나 제주도가 유배지로 가장 크게 주목받은 때는 조선 시대입니다.

당시 제주는 출륙 금지령이 내려진 '감옥'인지라 유배지로 각광을 받았던 것입니다. 제주에서 밖으로 나갈 수 없는 조건이란, 거꾸로 유배인을 가둬 두기에 좋은 장치이기도 했지요. 해금(바다로 나가는 것을 금함)과 유배는 다른 상황이지만 동전의 양면처럼 하나였습니다. 제주는 최고의 중죄인들을 보내는 유배지로 변해 갔습니다. 고려부터 조선 시대까지 대략 200여 명의 정치범이 제주로 보내진 것으로 파악됩니다.

유배형에는 죄인을 고향에서 먼 곳으로 강제 이주시키는 천사, 유배인의 형편을 고려하여 유배지의 관리에게 책임과 조치를 맡긴 부처, 그리고 안치가 있습니다. 안치는 죄질이 가벼운 사람을 자신의 고향에 유배시키는 본향 안치, 중죄인을 섬에 격리시키는 절도 안치, 가시울타리를 치고 그 안에 죄인을 유폐시키는 연금 조치인 위리안치가 있지요.

서울에서 먼 제주는 중죄인 유배지였습니다. 조선의 왕이었다가 폐위된 광해군을 비롯하여 보우 스님, 유학자 송시열 등 신분이 높은 사람들이 제주로 유배되었습니다. 중앙 정계의 음모와 갈등에 실망한 사람들이 관직을 내려놓고 떠나온 낙향지였을 뿐만 아니라, 사화나 당쟁 같은 정치 싸움에 패배한 사람들의 유배지이기도 했지요.

유배객에게는 본토에서 제주에 이르는 바닷길 자체가 고난이었습니다. 당시에는 나주에서 출발하여 무안·영암·해남현을 거쳐 추자도를 통하여 오는 노선, 탐진(현재의 전라남도 강진군)에서 추자도로 오는 노선이 존재했습니다. 유배를 오다가 풍랑을 만나 배가 난파하는 경

위리안치 돌담 안으로 가시나무를 심어 담 밖으로 나가지 못하게 하는 유배 방식

우도 있었습니다. 격한 바다를 무사히 건너와도 기다리는 것은 가난뿐이었습니다.

제주에서 〈세한도〉를 그린 추사 김정희

주목할 만한 유배객을 몇 명만 꼽아 볼까요. 지금껏 오현(다섯 현자)으로 존경받는 이들이 있지요. 오현의 으뜸으로 충암 김정이 있고, 제주에는 그를 모신 귤림서원이 있습니다. 귤림서원은 선조 11년(1578)에 이곳에 귀양 왔다가 사약을 받고 죽은 김정의 넋을 위로하기 위해 충암묘를 세운 데서 비롯됩니다. 그 후 김상헌과 정온, 송시열의 신주를 모셨기에 이들을 '귤림서원의 오현'이라 부릅니다.

김정은 조선 중종 14년(1519)에 일어난 기묘사화로 사형을 선고받았다가 정광필 등의 도움으로 목숨만 부지하여 금산 유배를 거쳐서 진도로 유배됩니다. 귀양길에 모친이 위독하다는 소식을 듣고 고향에 갔다가 망명죄를 뒤집어쓰고 서울로 압송되지요. 그는 곤장 100대를 맞고 제주도로 귀양을 갔는데, 유배길까지 죽음의 손길은 멈추질 않았습니다. 귀양 온 지 불과 10개월 만에 36세의 젊은 나이로 세상을 떠나고 만 것입니다. 제주 읍성 남문의 오현단에 김정의 흔적이 남아 있습니다. 그가 쓴 《제주풍토록》은 제주의 역사와 풍습을 연구하는 데 큰 도움을 주고 있지요.

유배인 중에는 여성도 있었지요. 인목대비의 어머니이자 연흥부원군 김제남의 부인인 노씨는 남편과 자식들이 참수당하고 재산마저 잃은 상태에서 제주로 위리안치됩니다. 그녀는 술을 빚어 팔면서 생계를 유지했습니다. 황사영 백서 사건으로 황사영의 부인 정난주는 제주목 관비로 유배살이를 했습니다. 정난주는 제주에 천주교가 포교되기 100여 년 전 천주교가

제주로 귀양 온 오현을 모신 오현단

박해받던 시기에 천주교인 최초의 여성 유배객이었지요. 정난주의 묘는 황사평의 묘와 함께 오늘날 천주교의 성소가 되어 많은 사람들이 찾아듭니다.

또 명종의 어머니 문정왕후의 신임을 받아 가며 불교를 중흥시키려고 했던 보우 스님은 문정왕후가 사망하자 제주로 유배되고, 제주목사에 의해 죽음을 맞지요.

수많은 제주 유배객 중에서 광해군을 주목해야 합니다. 기존의 정치와 사회 구조를 변화하려는 개혁 군주였던 광해군은 불행하게도 제주로 귀양 와서 67세로 죽습니다. 그는 명나라가 망하고 청나라가 세워지면서 대륙의 정세가 급변하던 17세기 초, 시대의 변화를 읽어 냈고 조선의 미래를 모색하던 선구적 임금이었지요. 그러나 당파 싸움에 밀려 귀양을 가게 됩니다.

김정의 《충암집》

광해군은 무려 18년 동안의 유배 생활 중에 마지막 3년을 제주
에서 위리안치로 보냈습니다.

　한편 유배객 중에서 가장 호사스러운 대접을 받은 이는 추사
김정희가 아닐까요. 서귀포의 대정 향교에 가면 늘 푸른 소나무
를 만날 수 있는데, 이 나무는 대정으로 귀양 온 김정희가 그 유
명한 〈세한도〉를 그릴 적의 모델이지요. 외떨어진 변방에서 시

제주의 대정 귀양지에서 탄생한 추사 김정희의 〈세한도〉

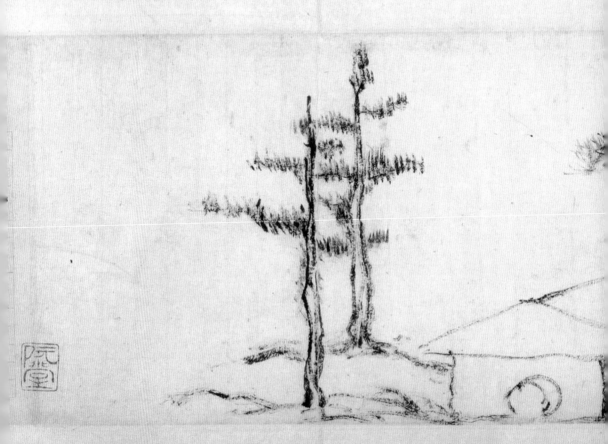

작된 추사의 유배는 그의 글과 학문이 성숙되어 가는 유익한 시기이기도 했습니다. 머나먼 남쪽 대정 바닷가에서 추사는 글과 학문을 가다듬었고, 덕분에 명필로 여겨지는 추사체를 완성했을 것입니다. 이처럼 유배지는 학문과 예술이 꽃피는 공간이기도 했지요.

한양으로 돌아갈 날만 기다리며

유배객의 생활은 어땠을까요? 모든 게 낯설기만 한 타향 땅 제주에 당도하면 무엇보다 바람과 추위, 배고픔이 괴롭혔습니다. 제주의 겨울은 생각보다 추워서 견뎌 내기가 쉽지 않았지요. 유배객은 식량 문제에서도 고통을 받아야 했습니다.

보통 유배객이 당도하면 정해 준 민가를 얻어 살아가야 했습니다. 그러다 보면 일부이기는 하지만 제주 여성과 혼인하는 이들도 있었습니다. 유배인은 당대 지식인으로서 제주인의 자녀와 유생들에게 학문을 가르쳐 생계를 꾸려 나가기도 했습니다. 그러나 유배객의 한결같은 소망은 하루바삐 한양으로 되돌아가는 것이어서 그날을 손꼽아 기다렸지요.

조천 포구에는 연북정이라는 정자가 한양 쪽 바다를 굽어봅니다. 연북정은 '북쪽에 있는 임금을 그리워하는 정자'라는 뜻이지요. 왜 하필 임금을 그리워하는 정자일까요? 임금을 '의무적'으로 그리워해야 했던 봉건제의 상징입니다. 유배객 처지에 마음에서까지 임금을 진정 그리워했을까요? 그보다는 임금을 향해 돌아갈 그날을 간절히 기다린 것이 아닐까요?

조천 포구의 연북정

표류의 섬

조선 시대에 베트남을
다녀온 사람도 있지요

표류기는 살아남은 자의 기록

《로빈슨 표류기》나 《십오 소년 표류기》 같은 표류기는 좌절과 모험, 인내와 도전에 관한 이야기로 읽는 사람의 마음을 뒤흔듭니다. 이들 표류기는 오늘날에도 흥미롭게 읽히고 있지요. 여러 차례 죽을 뻔하다 간신히 살아 돌아온 사람들이 쏟아 내는 듣도 보도 못 한 이야기는 외부 세계에 대한 관심을 충족시켜 주었습니다.

배 없이는 가고 오기가 어려웠던 당시 제주에는 표류 사건도 잦을 수밖에 없었지요. 우리의 가장 흥미진진한 표류기는 대체로 제주를 근거지로 탄생했습니다. 조선 영조 때 제주 사람 장한철이 쓴 《표해록》은 우리에게도 사실과 실화를 바탕으로 한 뛰어난 표류 문학이 존재하였음을 알려 줍니다.

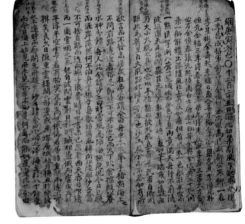

장한철의 《표해록》

하지만 표류기는 살아남은 자의 기록일 뿐이지요. 그것도 무사히 살아남은 표류민 중에서 기록을 남긴 자의 역사입니다. 확률상으로 표류로 살아남은 자보다 죽은 사람이 더 많았습니다. 따라서 표류의 역사는 살아남은 자의 기록일 뿐이라는 사실을 전제로 이야기를 전개해야 합니다. 제주에서도 수없이 많은 사람들이 표류했으며 동아시아의 너른 대양에서 이름 없이 죽어갔을 것입니다.

험난하기만 한 제주 물목

추자도와 제주도 사이에 있는 바다에 강풍이 불면 자주 표류가 벌어졌습니다. 남해안은 좁은 물목(물이 흘러 들어오거나 나가는 길목)이지만 조선 시대의 풍선(바람으로 움직이는 배)으로는 위험한 항해였기 때문입니다. 사람들은 늘 두려움을 갖고 모든 가능성에 대비하면서 항해했습니다. 국가 공무로 제주에 출장 나온 조선 시대의 문신 김상헌(1570~1652)은《남사록》에 제주의 험한 바닷길을 잘 묘사해 두었지요.

바람과 파도가 거센 제주에서 표류는 드문 일이 아니었다.

"깊고 멀리 이는 파문은 매우 드넓으며, 높은 물결은 보통이 아니다. 이국 배가 표류하다가 이곳에 이르러 충분히 순풍을 만나지 못하면 2, 3일을 소용돌이 속에서 빙빙 돌며 떠나지 못한다."

이 말은 그만큼 제주 바닷길이 험하다는 뜻이지요. 육지와 제주 사이의 해상 교통만이 전부가 아니었습니다. 섬 내에서도 중요 물자는 대부분 배로 움직이다 보니 안전이 늘 문제였습니다. 오늘날의 섬 순환도로는 만들어진 지 얼마 되지 않았지요. 섬을

배편으로 일주할 때 표류하는 일이 비일비재하였습니다. 이래 저래 제주 사람들에게 표류는 숙명과도 같았습니다.

타이완·중국·류큐·일본·필리핀으로

제주 사람들의 표류 중에서 널리 알려진 사건을 몇 개만 살펴보겠습니다.

숙종 13년(1687) 고상영은 안남(베트남)에 표류하였다가 5년 만에 살아 돌아옵니다. 2년 뒤에는 김대황이 안남에 표류합니다. 1687년 김대황 등 24명은 나라에 바칠 말을 싣고 출항했는데 추자도 앞에서 동북풍을 만나 31일간 표류하다가 안남국에 다다랐지요. 그들은 안남 왕의 허락을 받아 쌀 6백 포를 대가로 줄 것을 약속하고 중국 상선을 얻어 타서 12월 9일 서귀포에 상륙합니다. 안남에서 노루, 사슴, 물소, 코끼리, 공작을 보고 사탕수수 줄기에서 사탕도 맛보았으며 이에 옻칠한 사람도 목격합니다. 김대황 일행이 귀환할 때 중국을 거치지 않고 안남에서 서귀포로 곧바로 돌아왔는데, 이것은 베트남-제주도 간의 국제

해상 통로가 이미 개척되어 있었다는 뜻이기도 합니다.

오늘날의 오키나와인 류큐 왕국에 표류되는 일도 많았습니다. 《유구풍토기》를 지은 김비의, 영조 40년(1770)에 한양으로 과거를 보러 가다 표류하여 《표해록》을 쓴 장한철이 대표적이지요. 류큐 표류는 너무도 많아 일일이 기록에 담기 어려울 정도입니다. 당연히 살아남은 자들만 계산한 것이며 그보다 훨씬 많은 배들이 류큐로 표류하다가 침몰하여 고기밥이 되었을 것입니다.

타이완 표류도 많았습니다. 타이완 본섬보다는 중국 본토와의 사이에 있는 펑후 열도에 난파선이 걸린 경우가 많았지요. 《남유록》은 연암 박지원이 정조의 명으로 쓴 제주 사람 이방익의 표류기입니다. 정조 20년 9월 21일에 제주 조천 사람 이방익이 표류하여 불과 15일 만인 10월 6일에 펑후에 표류한 사실을 전합니다. 펑후에서 타이완을 거쳤다가 중국 샤먼으로 호송되어 푸젠, 저장, 장난, 산둥 그리고 최종적으로 연경(현재의 북경)을 거쳐 이듬해 윤6월에 조선으로 귀환합니다.

임금은 특별히 이방익을 불러 지나온 곳들의 풍속을 묻고 박지원에게 표류 과정을 대신해 쓰도록 했던 것입니다. 재미있는 것은 이방익의 부친으로 만경현령을 지냈던 이광빈도 일본 나가사키에 표류하여 돌아왔다는 점입니다. 부자가 각각 일본과 남중국으로 표류한 것이지요. 제주 사람에게 표류가 일상이었음을 증명하는 좋은 사례입니다.

또한 알 수 없는 미지의 나라로도 표류가 일어났지요. 1029년, 탐라 백성 정일 등 21명은 풍파를 만나 머나먼 동남쪽 어느 섬에 도착합니다. 섬사람들은 모두가 몸집이 크고 온몸에 털이 났으며 언어가 전혀 통하지 않았습니다. 그들은 7개월간이나 섬에 억류되어 있다가 비밀리에 작은 배를 훔쳐 타고 동북쪽으로 항해하여 나가사키로 갔다가 살아 돌아옵니다. 필리핀이나 다른 알 수 없는 미지의 섬으로 표류한 이들도 헤아릴 수 없이 많았을 것입니다. 표류의 역사는 살아남은 자의 기록일 뿐이란 것을 새삼 기억할 일이지요.

표류자는 어떻게 돌아왔을까요?

표류는 어쩔 수 없이 일어나는 사건이지만 그 파장은 국제적

으로 번지기 마련입니다. 그
렇다면 표류자들은 어떻게 살
아 돌아왔을까요?

최부는 성종 18년(1487)에 중
국 저장성 동쪽에 있는 닝보에
표류합니다. 같은 해 6월에 북
경을 경유하여 조선에 돌아왔
고, 임금의 명령에 의하여《표
해록》을 남겼습니다. 최부 일
행은 오랫동안 표류하면서 갈
매기와 가마우지가 나는 조

최부 일행의 표류와 귀환 과정

짐, 구름이 뭉게뭉게 피어남을 보며 근처에 섬이 있음을 짐작합
니다.

최부 일행은 닝보에 상륙하자마자 조사를 받습니다. 청나라
사람들은 최부 일행이 왜적인가, 조선인인가를 집요하게 심문
합니다. 왜구들이 중국 해안을 돌아다니면서 약탈을 일삼았기
때문입니다. 머나먼 중국 해안 지방에서 작성된 보고서는 상급
기관으로 올라갔고 마지막에는 황제에게까지 전달됩니다. 최부

는 말로만 듣던 중국 강남을 제대로 견문한 조선인이었으며, 중국의 남북을 연결하는 대운하의 전 구간을 지나가 본 첫 조선인입니다.

최부의 송환 과정을 보면 저장성 근처의 도저소를 거쳐 항저우로, 항저우에서 북경으로, 이후 광녕을 거쳐 의주로 돌아왔습니다. 남중국에서 북중국을 거쳐 우리나라의 평안북도 의주로 돌아오는 머나먼 길이었습니다.

오키나와와 베트남에 표류한 사람들도 중국을 거쳐서 되돌아옵니다. 필리핀에 당도한 사람도 그곳에 살던 중국인 화교를 통해 다시금 중국으로 보내져서 되돌아오지요. 홍어를 사러 갔다가 표류하여 필리핀에 도착해 마카오, 중국을 거쳐 돌아온 문순득 사례도 있습니다. 말이 통하지 않는 나라에서 어떻게 자신들의 국적이 조선이고 표류를 하였다는 의사소통을 할 수 있었을까요? 중국, 조선, 베트남, 오키나와 모두 한자를 사용하고 있었기 때문에 가능했습니다. 동아시아 한자 문화권의 힘이 아닐까 합니다.

당신이 새라면 그곳으로 자유롭게 날아갈 수 있을 거요

표류의 국제성은 서양 선박의 출현으로 보다 세계화됩니다. 인조 5년(1627) 9월에 네덜란드 선원 벨테브레이가 제주에 상륙합니다. 일본 나가사키로 가던 도중, 물을 얻기 위하여 선원 2명과 함께 종선(큰 배에 딸린 작은 배)으로 상륙하였다가 관헌에게 잡힙니다. 그사이에 모선(중심이 되는 큰 배)은 떠나 버렸으므로 셋은 서울로 압송되었지요. 훗날 한국인 부인을 얻고 정착한 박연이 벨테브레이입니다. 나중에 같은 네덜란드 사람인 하멜이 제주에 표류하였을 때, 노인이 된 박연이 통역에 나섭니다. 만약에 박연이 일찍 표류하여 조선말을 익히지 않았더라면, 하멜 일행과 조선은 전혀 대화하지 못했을 것이 분명합니다. 하늘이 미리 박연을 보내 준 것일까요?

하멜 일행이 타고 온 네덜란드 무역선 스페르베르호는 1653년 7월 30일, 타이완에서 나가사키로 출항하다가 풍랑을 만나 64명 중에서 28명이 익사하고 36명만 제주도 해안으로 표류합니다. 하멜 일행은 순천, 남원, 여수 등지로 분산 수용되었다가 억류됩니다. 현종 7년(1666) 극적으로 탈출에 성공하여 일부는 조선에 남고 하멜 등 8명은 일본을 경유하여 1668년 7월에 네덜란드로 귀국함으로써 13년간의 억류 생활을 끝냈지요.

하멜이 제주 해안에 당도하여 심문을 받았을 때, 본국으로 보내 달라는 이들의 요청을 박연이 통역해 주었습니다. 그 말에 우리의 정부 고관이 들려준 말이 인상적입니다.

"당신이 새라면 그곳으로 자유롭게 날아갈 수 있을 거요. 하지만 우리는 외국인을 나라 밖으로 내보내지 않소. 그 대신 당신들을 보살펴 주고 식량과 의복도 지급해 줄 것이니, 이 나라에서 목숨이 다할 때까지 살아야 할 거요."

이 기록을 보면 조선은 '금단의 나라'가 아닐 수 없지요. 표류하면 고향으로 되돌아갈 수 없었으니까요. 1668년 네덜란드로 돌아간 하멜이 조선에서 겪은 일들을 담은 《하멜 표류기》가 출판됨으로써 조선은 금단의 땅으로 서구에 널리 알려집니다. 표류기 출간 이후에 제주는 끊임없이 외국의 주목을 받았지요. 하멜의 우연한 표류가 제주와 우리나라를 세계에 널리 알린 계기가 된 것입니다.

네덜란드 동인도 회사의 배

신들의 섬

1만 8천의 신들이
모여 살지요

기성 종교와 무속의 싸움

제주목사 이원진은 《탐라지》에 제주인의 신앙에 대해 이렇게 적었습니다.

"풍속은 음사를 숭상하여 산과 숲, 내와 못, 높은 언덕이나 낮은 언덕, 물가와 평지, 나무와 돌 따위를 모두 신으로 섬겨 제사를 베푼다."

오늘날도 사정은 비슷합니다. 천주교나 개신교같이 밖에서 들어온 종교가 퍼져 있기는 하나 육지에 비하면 따르는 사람의 숫자가 턱없이 적습니다. 제주 사람들은 제주에서 생겨난 토착 신앙을 좋아하기 때문입니다. 그러다 보니 제주의 무속은 유교나 기독교 같은 기성 종교와 거친 싸움을 벌이곤 하였지요. 우리는 너무도 쉽게 '우리 역사에는 종교 전쟁이 없었다.'고 말하지만, 서구 같은 종교 전쟁이 없었을 뿐 종교와 무속 신앙 사이의 종교 전쟁은 계속 벌어졌습니다.

숙종 28년(1702), 육지인에 의해 제주 통치사에 획을 그은 이

신당들이 검은 연기와 함께 불타는 모습이 그려진 《탐라순력도》의 〈건포배은〉 중 일부

형상 목사가 등장합니다. 야심만만하게 유교를 제주에 뿌리내리려 했던 그는 삼읍(제주, 정의, 대정)의 무속 신당과 절 130여 개소를 파괴하고, 무당 400여 명을 귀농시킵니다. '당(신당) 오백, 절 오백'을 다 부수었다고 했습니다. 오백은 과장일 수도 있으나 그만큼 절과 신당의 피해가 많았던 것으로 해석됩니다. 이형상은 자신이 행한 업적을 기록에 남길 목적으로 《탐라순력도》에 신당이 불타는 그림을 그리게 했습니다.

제주 사람의 입장에서 이형상의 치적을 뒤집어 본다면 이해할 수 없는 행위였지요. 이형상의 신당 파괴 충격이 매우 컸지만 그가 제주를 떠나자마자 신당과 굿은 곧바로 복원됩니다. 과감한 충격 요법이 제주에서는 별 효과가 없었다는 증거입니다.

나무에 옷을 입히는 화려한 물색

　육지와 마찬가지로 제주에서도 신령이 깃든 나무는 금기의 대상이며, 숲은 성역이자 마을신입니다. 따라서 마을 나무에 손상을 입히면 벌을 받습니다. 마을굿이나 개인 의례를 통하여 이런 신목에 걸어 두는 종이나 천인 물색을 바치는데, 물색은 인간이 신에게 바치는 최대의 예우입니다. 푸른 숲에 있는 나무에 붉고 희고 노란 천과 종이가 걸려 현란하게 빛을 발하는 모습은 제주 신당에서 볼 수 있는 또 하나의 세계입니다.

　대표적인 신당 한 군데만 찾아가 봅니다. 제주에서는 신당을 본향당이라고 부르는데, 조천 와흘당은 나무와 물색이 아름다운 당입니다. 폭낭(제주에서 팽나무를 가리키는 말)에 둘러싸인 와흘당은 여신과 남신이 결합한 곳으로 매년 정월 14일과 7월 14일에 제를 올립니다. 이때 화려한 물색은 나무를 더욱 신령스럽게

물색이 걸린 한 제주 마을의 신목

장식해 주지요. 남신은 한라산에서 솟아난 토착신으로 수렵 목
축의 신이자 마파람(남쪽에서 불어오는 바람)의 신이며 육식을 하는
부정한 신입니다. 여신은 강남에서 온 외래신인데 농경신으로
하늬바람(서쪽에서 불어오는 바람)의 신이며, 쌀밥을 관리하는 깨끗
한 신으로 아기를 보살핍니다. 폭낭에는 부부인 남녀 신이 자리
를 잡고 있습니다.

신구간에 일제히 이사 가는 생태성

제주도에는 입춘굿이 전해 옵니다. 입춘굿은 탐라 시대부터 전해져 온 풍습이지요. 이때는 왕이 백성 앞에서 손수 밭을 가는 시범을 보였습니다. 조선 시대에는 왕을 대신하여 제주의 토착 관리인 호장이 나무로 만든 소를 끌었습니다. 농경을 모방하는 행위를 통해 풍요를 비는 거리굿이 연출되는 관민 합동의 축제였습니다.

봄이 시작되는 입춘 전에 제주에서는 무슨 일이 벌어질까요? 24절기의 마지막인 대한 후 5일부터 입춘 3일 전까지 1주일간 신구간(新舊間)이 선포됩니다. 글자 그대로 새것과 낡은 것이 교체되는 신성한 기간이지요.

이 시기가 되면 1년간 세상사를 관장하던 구관이 그해의 임무를 끝내고 옥황상제에게 돌아갑니다. 사람들은 신들이 잠시 사라진 빈 시간에 그동안 하기 꺼림칙했거나 동티날 일을 잽싸게 해치우지요. 제주에서 이사는 일제히 이 신구간에만 가기 때문에 집마다 난리고, 이삿짐센터는 일손 부족으로 법석입니다. 행정 당국에서 신구간을 없애기 위해 힘을 쏟아 왔지만 지금도 신

1960년대 제주 신구간 이사 모습

구간이 되면 전화, 유선 방송, 인터넷, 가스 등 서비스 업체가
비상 대기하는 등 여전히 지속됩니다. 1만 8천의 신이 살고 있
는 제주도에서나 가능한 특이한 일이지요.

이런 신구간의 풍습은 제주 기후와 연관됩니다. 신구간은 제
주에서 일평균 기온이 5℃ 이하로 내려가는 거의 유일한 기간
입니다. 겨울이 없는 따뜻한 아열대성 기후에 속하는 제주에서
신구간은 중요한 의미를 지니지요. 5℃ 이하에서는 미생물 증
식이 중단되어 세균이 잘 번식하지 않습니다. 그래서 전염병이

흔하던 시절에 위생상 문제가 되어 못 했던 변소 개축이나 집수리를 해도 별 탈이 없습니다. 1970년대 새마을운동 와중에 신구간을 6대 폐습(폐해가 많은 풍습)의 하나로 정하고 청산 운동을 폈으나 쉽게 폐지되지 않았던 배경에는 이 같은 합리적이고 생태적인 이유가 버티고 있지요.

신들은 아름다운 곳에서 산다

밭농사조차 제대로 이루어지지 못하는 섬에서 신들의 역사가 시작되었습니다. 그러나 신도 신 나름이지요. 신에도 으뜸 신, 버금 신이 있습니다. 할망신이 있는가 하면 손자나 증손자뻘 신도 있습니다. 그중 송당 마을의 신이 중요하지요. 에게해에 올림퍼스산이 있어 그리스 로마 신화에 등장하는 신들의 계보가 창조되었다면, 제주에는 송당 마을에서 신당, 즉 본향당이 퍼져 나갔습니다.

제주 본향당은 마을마다 신전이 하나씩 서 있는 것과 같습니다. '본향단신'이란 마을 수호신을 말합니다. 또한 본풀이에서

'본'은 근본·본원·내력을, '풀이'는 설명을 뜻합니다. 다시 말해 본풀이란 신의 근본을 풀이하고 설명한 '살아 있는 신화'라는 뜻입니다. 고대 그리스인들이 아프로디테 신전에 가서 신탁을 받았듯이, 제주 사람들은 본향당에 가서 심방의 본풀이를 통하여 신탁을 받습니다.

본풀이는 일반 본풀이와 당 본풀이, 조상 본풀이 세 가지로 나뉩니다. 일반 본풀이는 자연이나 일반적인 관념에서 모셔지는 신의 이야기입니다. 당 본풀이는 그 마을 수호신이 거쳐 온 내력을 이야기합니다. 조상 본풀이는 집안 및 씨족의 수호신 이야기입니다. 본풀이는 조상들이 살아온 내력과 공동체 성원의

삶의 내력을 신화로 만들어 놓은 제주 민중의 역사지요.

신당 없는 마을이 없을 정도로 신당은 제주 정신의 근본이자 거대한 저수지입니다. 농촌은 물론, 도시화된 제주 시내에도 곳곳에 당이 있어 눈길을 끕니다. 그런 신당을 모르면서 제주 사람의 심성을 어찌 온전하게 이해할 수 있을까요? 신당은 최고의 성소에 최대한의 예의를 갖추어 모셔집니다. 신당은 숲이나 바닷가, 계곡 등 아름다운 곳에 자리 잡지요. 신들은 사는 곳도 아름답다는 생각이 들게 합니다.

제주굿의 뛰어난 예술성은 기메에서도 발견됩니다. 기메는 창호지, 흰 종이, 색종이 등을 오려 걸어 놓거나 푸른 잎이 달린

신당에 걸린 기메

대에 묶어 매어서 세워 놓은 것을 뜻합니다. 그 자체로 아름다운 예술입니다.

심방은 신의 이야기를 전달해 주는 신의 아이

제주는 기록 문학이 빈약한 대신 구비 문학(입에서 입으로 전해 오는 설화, 민요, 판소리 등)이 풍부한 땅입니다. 산업화·도시화 등으로 입에서 입으로 전해지는 구전 전승이 쇠퇴해 가는 세계적 추세에 비추어 볼 때, 제주의 구비 문학은 세계적 수준을 자랑하는 신화의 보물 창고입니다.

제주에서는 무당을 심방이라고 부르는데, 심방에 의해 전승되는 노래와 춤에는 세상과 인간이 만들어지던 때의 이야기가 다양하게 발견됩니다. 제주 굿은 구약 성서의 창세기와도

굿에 사용하는 무구들

같네요. 인간이 살아가는 세상이 창조되는 모습을 담은 상황이 굿판에서 연출됩니다. 이런 일은 오로지 옛날부터 입으로 이야기를 전달하고 보존해 온 구비 전승의 힘 때문에 가능한 기적 같은 일이지요.

제주굿에서는 무엇보다 심방이 중요합니다. 심방은 신의 이야기를 전달해 주는 '신의 아이'이지요. 심방은 아무나 되지 않으며 오랜 학습을 거쳐야 합니다.

제주굿에서는 신의 이야기를 전달하는 심방의 역할이 중요하다.

제주굿은 그 규모에 따라 큰굿·작은굿으로 나뉘며 굿하는 범위에 따라 집안 굿·마을굿으로 나뉩니다. 심방은 굿판에서 본풀이를 하는데 본풀이는 본을 푸는 서사시이며 살아 있는 신화입니다. 제주의 굿과 본풀이 그리고 이를 주관하는 심방을 모르고서는 제주 문화를 온전히 알 수 없겠죠.

궤당과 삼춘의 섬

만나는 사람마다
궤당이고 삼춘이지요

그 누구나 삼춘

　제주에서는 아무나 삼춘이라고 부릅니다. '삼촌'이 아니라 '삼춘'입니다. 육지의 삼촌과 제주의 삼춘은 다르지요. 모르는 이를 만나도 선뜻 삼춘이라 부릅니다. 음식점, 과일 가게, 버스, 극장, 학교에서 토박이들은 서로를 그저 삼춘이라 호칭합니다. "삼춘, 여기 물 한 잔 더 주세요!", "삼춘, 이거 얼마예요?" 곳곳에서 이런 소리를 듣습니다. 5촌 이상이더라도 촌수에 상관없이 모두 삼춘으로 인식할 만큼 가깝게 생각하지요.

　삼춘 호칭은 '모두가 궨당'이라는 공동체 의식에서 나왔습니다. 궨당은 한문으로는 권당(眷堂)이지요. 일가친척을 가리키는 말로 일찍부터 《이륜행실도》, 《불설대부모은중경언해》 등에 나타납니다. 그러나 권당은 문헌으로만 전해 올 뿐, 현실에서는 죽은 말입니다. 그런데 제주에서는 그 권당이 궨당(혹은 괸당)이 되어 시퍼렇게 살아 있습니다.

　제주 궨당은 육지의 친족과 다르지요. 아버지뿐 아니라 어머니 쪽을 모두 포괄하기 때문입니다. 육지에 '처갓집과 화장실은 멀리 떨어질수록 좋다.'는 속담이 있다면, 제주도는 정반대입니다. 육지의 친가에 해당하는 아버지 쪽 성펜궨당은 기본이고, 외가에 해당하는 어머니 쪽 외펜궨당도 있습니다. 남자가 결혼해서 생긴 처가 쪽 처궨당, 여자가 시집가서 맺어진 시궨당도 있지요. 이렇게 친가와 외가로 두루 넓히다 보면 제주에서 궨당 아닌 사람이 있을까 싶을 정도입니다. '여자는 결혼하면 출가외인' 따위의 가부장 질서는 제주와 잘 들어맞지 않습니다. 가장이 집안의 권력을 쥐고 남자 쪽만 챙기는 육지의 가부장 제도와 달리 제주는 여자도 강한 힘을 지닌 곳이지요.

제주에서는 '사돈에 팔촌으로 걸린 궨당'이란 말이 곧잘 사용됩니다. 모두가 하나의 공동체로 살아간다는 뜻이지요. 섬이라는 작은 공간에서 친가와 외가 할 것 없이 밀접하게 유대하면서 살아 나가던 풍습에서 기인합니다.

해녀상 제주 여성은 노동에 참여할 수 있어 가정 내 지위가 높았다.

모듬벌초는 누구나 반드시 해야

제주에서는 추석 이전에 조상 묘의 풀을 자르고 산소를 정리하는 모듬벌초를 행합니다. 육지에서도 벌초를 하지만 제주에 비할 바가 못 되지요. 제주 출신 남성은 사정이 생겨서 명절이나 제사에 불참하는 것은 몰라도 모듬벌초는 반드시 참가해야 합니다. 집을 떠나 있는 사람은 물론이고 멀리 고향을 떠난 해외 동포도 마찬가지이지요. 바쁘면 돈이라도 주어 사람 사서 하는 육지의 벌초와는 차원이 다르기 때문입니다. 초중고교에서 벌초 방학까지 할 정도로 제주 사람들은 모듬벌초를 강조합니다.

모듬벌초는 집안별로 하거나 아버지 쪽 친족이 합동으로 윗조상 묘부터 벌초합니다. 문중벌초는 자손들이 모여들어 같은 조상의 후손이라는 공동체 의식을 형성합니다. 음력 초하루, 또는 그에 준하는 일요일에는 제주 전체가 모듬벌초로 난리지요. 차가 밀리고 야단법석을 떨면서 모두가 벌초에 나섭니다.

벌초에 참여하는 가족의 숫자 자체가 가족이나 문중의 힘을 나타내는 것으로 이해되기 때문에 불참하면 비난을 받습니다.

중요한 일로 어쩔 수 없이 불참하면 현금이라도 보냄이 예의지요. 육지 사람이 보기에는 이상하다 싶을 정도입니다. 서로를 강하게 연결하는 궨당 정서가 완강하게 살아남아 있기 때문입니다. 궨당을 모르고서는 제주 사회를 이해할 수 없을 것입니다.

궨당이 엄청난 힘을 발휘하는 때가 있으니 각종 선거철입니다. '이 당 저 당 해도 궨당이 최고'라는 말도 있을 정도로, 제주에서는 후보가 소속된 당보다는 궨당이 중요할 때가 많습니다. 실제로 궨당의 힘으로 당선된 사람이 많습니다. 궨당은 가난하

묘제 후의 음복

고 어려웠던 시절에는 공동체를 형성하여 상부상조하는 좋은 풍습이었으나 현대에는 부정적 측면도 있지요. 성씨로 묶이고, 출신 지역과 출신 고등학교로 묶인 마당에 궨당으로 칭칭 묶이고 나면 좁은 섬 안에서 다른 선택의 여지는 사라지기 때문입니다. 비판이 사라진 사회는 미래가 밝지 못할 것입니다.

이렇듯 궨당의 긍정적인 면 못지않게 지나친 '궨당화'가 개인적 삶을 옥죄는 경우도 보게 됩니다. 제주에는 상갓집에 부조를 하고 난 다음에 상주 여러 명에게 각각 다시 부조하는 오랜 겹부조 전통이 있습니다. 경제적으로 상당한 무리가 따르지요. 좁은 섬에서 체면과 염치를 신경 쓰면서 살아가야 하는 궨당 사회가 만들어 낸 불합리가 아닐까요? 외부 사람 눈에 비친 궨당의 풍경은 이와 같이 긍정적인 면과 부정적인 면을 모두 갖고 있습니다.

사회는 분명히 변했기에 궨당에 비판적인 이도 늘어나고 있지요. 제주 사회에도 베트남, 필리핀 등 외국에서 시집온 여성이 속한 다문화 가정이 늘어나고 있고 육지에서 온 외지 사람도 많습니다. 지구촌 시대에 활동 반경도 무한대로 커진 만큼, 궨당도 시대에 맞게 능동적으로 변화하고 발전해야 할 것입니다.

제주 사람의 진정한 역사 기록인 호적중초

제주에는 호적중초라 부르는 독특한 문서가 전해 옵니다. 신
분 구성, 가족 구성, 인구 구성, 혼인 관계 등 다양한 제주 생활

사를 밝혀 주는 자료이지요. 호적중초는 한국의 기록문화유산

뿐만 아니라 세계기록문화유산으로 지정되어야 할 정도로 중요

합니다.

회갑 잔치에 모인 일가 친척과 마을 사람들

18세기 후반부터 20세기 초에 이르는 약 150여 년간 3년 단위로 작성된 제주의 호적이 현재도 남아 있습니다. 이 호적중초는 마을 또는 면 단위로 작성되었으며 각 기관에 보관하면서 모든 업무의 기준이 되었습니다. 호적은 국가에서 집과 사람을 대상으로 군역과 세금을 부과하기 위한 기초 자료, 나아가 신분 관계를 규정하여 국가가 백성을 효율적으로 지배하기 위한 목적을 지녔습니다.

호적중초를 보면 제주의 결혼은 대부분 마을 내에서 이루어지던 것 같습니다. 좁은 마을에서 사돈으로 얽히다 보면 사돈과 또 사돈이 되는 겹사돈 혼인이 드물지 않았지요. 궨당에서 친가와 외가를 구분하지 않음은 이 같은 결혼 풍습에서 필연적입니다. 동네 사람을 모두 궨당으로 여기고 삼춘과 조카로 호칭함은 겹사돈이 맺어지는 특수성이 있는 제주에서의 생존 전략일 것입니다.

궨당이 발휘하는 부정적 요인은 비판해야 하지만, 친족 관계를 재해석해 보면 제주 궨당의 진보적 측면도 분명히 존재합니다. 육지에는 가부장적인 친가를 중시하는 성펜궨당만이 있을 뿐입니다. 출가외인 풍토에서 외펜궨당은 생각할 수도 없지요.

외펜궨당, 처궨당은 여성이 가족 내에서 권한이 강함을 뜻합니다. 가부장적 틀에 얽매어 오로지 부계 친족, 그것도 장자 중심의 서열화만을 강조하는 육지의 친인척 관계보다 훨씬 진보적입니다. 궨당과 삼춘 문화의 장단점을 헤아리고 미래의 새로운 자산으로 변화, 발전시켜 나가는 과제가 기다리고 있지요.

고팡과 정낭의 섬

한집에 같이 살아도
밥은 따로 해 먹지요

고팡을 보면 제주 살림살이가 보인다

제주 살림집이 육지와 확연히 다른 것을 꼽으라면, 남성 위주의 가부장 질서가 어느 정도 뒤집어져 있다는 점이 아닐까요? 이는 건축물에서 잘 드러납니다. 주택의 양식과 건축 소재의 차이 말고도 건축 배치에서도 육지와 차이가 납니다. 제주 살림집에서 중시해야 할 공간은 고팡할망이 머무르는 공간인 고팡입니다. 고팡은 육지의 창고용 방에 해당합니다. '고팡을 보면 제주 살림살이가 보인다.'는 것이 그릇된 말은 아닐 것입니다.

제주에서는 집안의 부를 축적하는 고팡이 중시되었지요. 고팡은 경제 권력의 공간이기도 합니다. 제주 여성은 결혼하면 독자적인 고팡을 갖습니다. 아무리 시어머니와 함께 살아도 각각의 고팡을 별도로 갖지요. 따라서 고팡은 제주 여성의 독립성을 상징합니다.

고팡은 큰구들(안방) 뒤에 위치합니다. 결혼한 아들은 부모와 식사를 따로 할 뿐 아니라 경제 활동도 엄격히 분리됩니다. 육지에서 시어머니가 경제적 실권을 갖고 있다가 늙어서야 물려주는 것과는 다르지요. 혼인을 한 지 얼마 안 되어 경제적 기반

이 취약한 형성기의 가족을 '어린살림'이라 부르고, 가족원이 커지고 경제력이 갖추어지면 '큰살림'이라 부릅니다.

식구 수가 많은 큰살림은 안거리(안채), 갓 혼인한 어린살림은 규모가 작은 밖거리(바깥채)에 거주합니다. 그러다가 경제력이 커지면 부모 세대가 밖거리로 옮기고 아들 부부가 안거리로 옮깁니다. 경제력에 따른 집 안 공간의 이동은 육지에는 없는 제주만의 특이한 시스템입니다.

대가족이 아니라 핵가족 제도

실제로 제주는 대가족이 아니라 핵가족 제도입니다. '한 지붕 두 가족'이 아니라 '두 지붕 두 가족'이지요. 육지에서 유교적 법도를 준수하여 안채=여성, 바깥채=남성이라는 남녀 분리 공간이 중시된다면, 제주에서는 공간의 남녀 구분보다 세대별 분리가 강조됩니다. 한집에 두 채의 집이 있고 사실상 두 가족이 살아가는 형식입니다. 부모는 안채인 안거리, 자식 부부는 바깥채인 밖거리에서 삽니다.

전통 제주 살림집의 구조도

　　제주로 귀양 온 조선 중기의 학자인 김정(1486~1521)은 《제주
풍토록》에서 "시골집 모양과 규모가 매우 깊고 그윽한데 각 집
채가 서로 연속되지 않았다."고 하였지요. 안살림과 밖살림이
분리된 형태를 '연속되지 않음'으로 표현한 것입니다.

　　밥을 따로 지어 먹으니 자식 부부와 부모가 별도로 부엌을 갖
으고 있으며 심지어 논밭까지도 따로 소유합니다. 이렇게 특이
한 가족 제도로 한 울타리 안에서 살되 다른 지방에서는 볼 수
없는 세대별 공간 분리가 가능한 것이지요. 그렇다면 밖거리에

살던 아들 세대는 왜 일정한 시간이 지나면 안거리로 들어가 살았을까요?

안거리는 밖거리와 비교하여 그 역할이 다릅니다. 조상 제사를 지내기 위하여 제수를 보관하고 만드는 일, 그리고 제사를 올리는 일은 반드시 안거리에서 하고 안거리 사람이 주도했습니다. 공동체 삶을 유지하기 위한 행위들, 즉 친족의 일, 부조, 공동 재산권 행사 등은 모두 안거리 사람의 몫이지요.

구들 없이 살던 사람들

제주 건축의 주요 특징은 무엇보다 기와집이 드물다는 점입니다. 화산토로 기와를 구워 내기도 쉽지 않았고, 무엇보다 바람에 기왓장 정도는 순식간에 날아갔기 때문입니다. 하지만 오늘날 복원해 놓은 제주의 전통 건축은 대부분 우람한 기와집이며, 이는 본디 제주 건축과는 무관한 일입니다.

제주의 집은 대부분 초가집이었습니다. 초가라고 부르지만 막상 볏짚은 사용하지 않았지요. 벼농사가 지극히 일부에서만 이루어진 조건에서 볏짚 구하기가 쉽지 않았고, 무엇보다 비가 많은 기후 조건에서 볏짚은 쉽게 썩었습니다. 그래서 제주 사람들은 지혜롭게 비바람에 강한 새(띠)를 선택했지요. "예로부터 기와집이 매우 적고 모두 띠로 덮었다."고 김석익은 《탐라기년》에 기록하였지요.

새도 아무 데서나 흔한 것은 아닙니다. 지붕갈이용 새를 마련하기 위해 띠를 관리하는 케왓첩을 두었지요. 개인 소유가 아닌 마을 소유의 밭을 케왓이라 불렀습니다. 케왓은 해발 300m 이

지붕을 새(띠)로 엮어 바람에 날아가지 않게 만든 제주의 초가집

상의 들판에 있는 경우가 많았습니다. 토지가 척박하기 때문에 여러 농작물을 해마다 바꾸어 심는 윤작법으로 수확을 얻었습니다. 계원들이 일정 날짜에 공동 노동으로 새(띠)를 베어 묶어 균등하게 나누어 갖습니다.

구들 난방이 보편적인 육지와 달리 구들이 드물었다는 점도 주목할 만합니다. 김정의 《제주풍토록》에서도 "품관 벼슬하는 집 이외에는 구들이 없으니 땅을 파서 구덩이를 만들고, 돌로 메우고, 그 위에 흙을 발라서 다 마르면 그 위에서 잔다."고 하였지요.

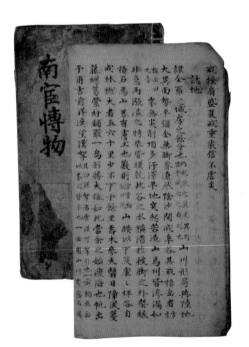

따라서 조선 후기에 이르도록 구들이 없는 곳이 여전히 많았습니다. 17세기 후반, 숙종 때에 제주목사를 지낸 이형상의 《남환박물》에 의하면, 제주 살림집에는 그때까지도 구들이

《남환박물》 제주목사로 일하던 이형상이 제주의 자연, 역사, 풍속 등을 기록한 책이다.

없었다고 합니다. 문헌과 유적으로 미루어 보아 북방에서 시작된 구들 문화가 남하하고 있었고, 남방에서 시작된 마루 문화가 북상하고 있었음이 분명합니다. 이 둘의 만남은 우리 주거 생활을 통일시키는 데 결정적 역할을 했지요. 제주의 구들 문화는 북쪽에서 바다를 건너 들어온 것이 분명합니다.

제주에만 있는 특이한 봉덕과 굴묵

제주에는 구들이 없는 대신에 육지에 없는 봉덕이란 특이 시설이 있었지요. 봉덕은 마루나 전통 초가의 부엌에 설치합니다. 지금은 대체로 봉덕이 사라졌지만, 그때 집 안에 설치된 봉덕은 음식을 장만하는 화덕 역할과 난방 역할을 동시에 했기에 땔감도 절약할 수 있었습니다. 제주 중산간 마을에서는 봉덕 위에 바구니를 매달아 곡물을 건조시키는 데 이용했습니다.

봉덕의 가장 중요한 역할은 불씨를 저장하는 것이었지요. 이웃 일본에도 제주의 봉덕과 비슷한 화덕이 마루에 설치되어 있습니다. 그러한 점에서 봉덕은 동아시아의 아주 오래된 문화가 아닐까 합니다.

육지와 다르게 굴묵도 있습니다. 굴묵은 바람이 많은 토양에 알맞은 화재 예방 안전장치입니다. 육지에서는 취사와 난방이 모두 한 아궁이에서 이뤄지지만 제주도에서는 취사와 난방을 분리하여 구들에 불을 때는 굴묵이라는 전용 공간을 따로 두었지요. 화재 예방을 위한 구조로 겨울에 부는 북풍과 북서풍의 진입을 최소화시킨 공간입니다. 부엌 아궁이에 불씨가 남아 있으면 바람이 들어와 삽시간에 화재로 번지기 때문입니다.

화재 예방의 역할을 했던 굴묵

살려 나가야 할 정낭 정신과 ᄌ냥 정신

육지와 아주 다른 것으로 올레와 정낭도 있습니다. 올레는 거리에서 집으로 출입하기 위한 골목길이지요. 개인의 주거 공간과 공용 거리 사이를 연결시켜 주는 중간적 성격을 지닙니다. 집주인에게는 외부로부터 시선을 차단하여 독립적 공간을 확보하게 하고, 집을 방문하는 사람에게는 집주인과 마주할 마음의 준비를 하게 해 주는 공간입니다.

이런 올레는 직선형이 아니라 곡선형이지요. 주술적으로는 올레에 들어오는 나쁜 기를 막고 좋은 기만 걸러서 집 안으로 들어오게 합니다. 또 올레의 굽은 길은 태풍과 같은 바람이 집으로 들이치는 것을 막아 줍니다.

제주도에는 대문이 없지요. 고온 다습한 제주 풍토에서 나무판자로 문을 만들면 금방 썩을 뿐 아니라 강풍에 날아갑니다. 그래서 정낭이 발명되었습니다. 정낭은 말과 소의 출입을 방지하기 위해 걸쳐 두는 나무토막입니다. 정주먹은 그 나무토막을 끼워 두는 구멍 뚫린 나무 기둥이지요. 오늘날까지 남은 정주먹은 대부분 돌로 되어 있으나 원래는 나무로 만들었습니다.

제주에서는 집에 사람이 있고 없음을 이 정주목을 통해 나타냅니다. 세 개의 정낭 중에서 하나만 걸쳐 있으면 집주인이 없거나 잠깐 외출 중이라는 뜻이고, 두 개가 걸쳐 있으면 외출 중이나 돌아오기까지 다소 시간이 걸릴 것이라는 뜻입니다. 세 개가 걸쳐 있다면 먼 곳에 외출했다는 뜻이고, 하나도 걸쳐 있지 않으면 사람이 있다는 표식입니다.

오늘날 제주 살림집에선 정낭이 대체로 사라졌으나 그 정신만은 남았습니다. 제주 사람은 '정낭 정신'이라는 말을 자주 씁니다. 정낭은 제주에 도둑과 거지와 대문이 없다는 '삼무(三無) 정신'의 또 다른 표현이기 때문이지요. 밭일이나 바다 일을 나

제주 정낭의 의미

좀 멀리 갔어요.   금방 돌아와요.

가서 온종일 일을 하고 돌아올 때 집을 지켜 주는 것이 있다면 오직 이 정낭과 정주목뿐입니다.

제주에는 정낭 정신과 더불어 'ᄌᆞ냥 정신'이란 말도 있지요. 안주인만이 드나들며 살림과 재산을 관리하고 비축하는 공간인 고팡에서 여성들은 절약을 합니다. 밥을 지을 때 곡식의 일부를 덜어 내어 모아 둡니다. 조금 덜 먹더라도 아껴서 곡식을 비축하는 것이지요. 고팡에서 이루어진 여성들의 근검절약 정신을 'ᄌᆞ냥 정신'이라 부릅니다. 정낭 정신과 ᄌᆞ냥 정신은 현대 사회에서도 살려 나가야 할 미덕입니다.

저녁 때쯤 와요.

사람 있어요.

여다의 섬

정말 남자보다 여자가 많을까요

아이는 내 자식이 아니고 고기밥

　제주는 돌, 바람, 여자가 많아서 삼다(三多)라 불렸습니다. 돌과 바람이 많은 것은 사실인데 정말 여다(女多), 즉 여자도 많을까요? 결론부터 말한다면, 여자가 확실히 많습니다. 여자가 많다면 그 이유는 무엇일까요? 최부의 《표해록》은 그 이유를 잘 설명하고 있지요.

　"제주는 아득히 먼 바다 가운데 있어서 수로로 9백여 리고 파도가 사납기 때문에 공물을 실은 배와 장사하는 배가 끊임없이 오가는 가운데 표류하고 침몰함이 열에 다섯이나 여섯가량 됩니다. 제주 사람으로서 앞서가다 죽지 않으면 반드시 뒤에 가다 죽습니다. 그러므로 제주 경내에는 남자 무덤이 매우 드물고 마을에는 여자 많기가 남자의 세 배입니다. 부모 된 자가 딸을 낳으면 반드시 '이 아이가 내게 효도를 잘할 아이'라고 말하고, 아들을 낳으면 '이 아이는 내 자식이 아니고 고기밥'이라고 말합니다."

　조선 시대의 시인 임제는 기행문 《남명소승》에서 "배가 침몰

불턱에 모여든 해녀들(1970년대)

하여 돌아오지 아니하는 남자가 한 해에 100여 인이나 된다. 그 때문에 여자는 많고 남자는 적어 시골 거리에 사는 여자들은 남편 있는 사람이 적다."고 하였지요. 결국 여자가 많다는 건 남자들이 많이 죽었기 때문이네요. 제주의 슬픈 역사입니다.

여성의 높은 지위

제주 여성은 육지에 비하여 높은 지위를 차지했습니다. 실제로 제주에는 여성을 찬미하는 다양한 속담이 전해 옵니다. 딸이 많으면 시집갈 때까지 억척스럽게 벌어들여 집안을 일으킨다는 속담이 많지요.

똘 한 집이 부재 → 딸 많은 집이 부자다.

똘 다숫 나민 부재 된다. → 딸 다섯 나면 부자 된다.

똘 싯이민 흔 해에 밧 흔 파니썩 산다. → 딸이 셋이면 1년에 밭을 한 떼기씩 사들일 수 있다.

똘 나민 도새기 잡앙 잔치 ᄒᆞ곡 아덜 나민 조름팍 팍 찬다. → 딸 낳

바다로 나간 여자들을 기다리는 남자들

으면 돼지 잔치하고 아들은 궁둥이를 팍 찬다.

아들을 선호하던 육지와 달리 딸을 더 선호하던 제주 풍습을 알 수 있지요. 이런 가치관을 마냥 좋다고만 할 수는 없습니다. 남성을 대신하여 온몸으로 집안을 지켜야 했던 제주 여성의 어려웠던 현실을 말해 주기 때문입니다. 여성의 지위가 높았다는 뜻도 되지만, 여성이 노동력으로만 평가되는 양면성을 지닙니다.

도망친 남자들의 공백을 메꾼 여자들

《조선왕조실록》에는 포작이라는 이름이 자주 등장합니다. 포작은 고기잡이와 해산물 채취를 주로 하면서 남해안을 돌아다니며 살아가던 제주 출신 남자 어부입니다. 그들은 나라에서 너무도 많은 양의 전복을 바치라고 하자 살 수가 없었습니다. 전복은 여자 해녀들이 아니라 남자들이 잠수하여 잡았지요. 세금을 견디다 못 한 남자들은 육지로 도망을 쳤습니다. 무려 1만여 명에 이르는 남자들이 도망을 치자 세금 바칠 사람이 줄어들었습니다. 게다가 바다에 빠져 죽는 남자들이 1년에 백여 명을 넘자 늘 여자가 많고 남자가 적을 수밖에 없었지요. 16세기 후반에 이르자 남자가 적고 여자가 많은 성비 불균형이 한층 심해집니다.

남자들이 도망치자 나라에서는 여자들에게 전복 바칠 것을 강요합니다. 포작이 착취를 못 견뎌 육지로 탈출하자 여성이 해녀가 되어 전복 진상의 책임을 물려받게 되지요. 제주 해녀 탄생 배경에 깔린 슬픈 역사입니다. 이제 바다에서의 물질(바다에서 해산물을 따는 일)은 온전히 여성의 몫으로 넘어갑니다. 그렇게

탕건을 만드는 제주 여성들 남자가 부족한 제주에서는 여성들이 경제 활동을 할 수밖에 없었다.

되자 자식을 낳아도 이왕이면 여자애를 원하게 되지요.

남자가 부족한 조건에서 아이들을 데리고 살아가야 했던 여성들의 노동 참여는 기본이었습니다. 억척스럽게 버티지 않으면 삶을 이어갈 수 없었지요. 제주 여성이 활동적이고 근면하다는 평가에는 이 같은 생존의 고통이 숨어 있습니다.

늠름한 여신 자청비

어느 시대나 영웅은 있습니다. 제주 여성들이 영웅으로 맹활약하는 공간은 역시 신화입니다. 제주 신화에 등장하는 다양한 여신 중에서 굳이 뛰어난 한 명만 꼽으라면, 서슴없이 자청비를 내세우고 싶습니다. 자청비의 생애는 이러합니다.

자청비는 자식을 얻기 위한 부모의 백일기도 끝에 태어납니다. 자청비가 자라 15세 되던 해, 연못가에서 하늘나라 문 도령과 만나게 되지요. 남장을 한 자청비는 문 도령과 함께 서울로 과거 공부를 하러 갑니다. 부모의 호출로 문 도령이 하늘나라로 돌아가야 할 때, 그제야 자청비가 여자임을 깨닫습니다. 아무리 남장을 했어도 그렇지, 3년이나 같이 지내며 여자인 것도 알아차리지 못한 못난 사내가 문 도령이지요.

문 도령도 멍청이지만, 남장을 했다 치더라도 사내와 3년을 한방 쓰는 자청비의 대담함이랄까요, 발칙함이랄까요. 제주 신화가 그리는 여신 자청비는 적어도 그런 요망진(제주 말로 총명하다는 뜻) 여자입니다. 제주 여성의 개방성과 당당함을 보여 줍니다.

문 도령은 박씨 한 알을 주며 그 박씨를 심어 박을 따게 될 때

자청비 제주 여성의 독립성, 용감함, 공동체 정신을 상징한다.

다시 만날 것을 약속하고 하늘로 올라갑니다. 어찌 되었건 그
리움이 더욱 싹터 가지만 두 사람은 하늘과 땅이라는 전혀 다
른 공간에서 살아가게 됩니다. 자청비는 문 도령과 혼인하려고
하늘나라로 올라가서 옥황상제의 며느리가 되는 어려운 시험을
통과합니다.

하늘에서 전쟁이 발생하자 며느리 자청비는 지혜를 발휘하여
적군을 물리칩니다. 이쯤 되면 전쟁의 여신 아테네가 따로 없네
요. 자청비는 승리에 대한 보답으로 오곡 씨앗을 받습니다. 지

상을 풍요롭게 하기를 바란 자청비와 문 도령은 음력 7월 15일, 오곡 씨앗을 갖고 인간 세상에 내려와 농사를 시작합니다. 문 도령과 자청비가 농사의 신인 세경신이 된 것이지요. 하인인 정수남이는 축산신이 되어 목동을 거느리고 말과 소를 쳤으며 백중날 올리는 마불림제(말을 불리는 제사)를 받아먹게 됩니다. 그래서 문 도령은 '상 세경', 자청비는 '중 세경', 정수남이는 '하 세경'이라 부르게 되지요.

가고자 하는 길을 스스로 선택함으로써 수많은 장애에 부딪쳤지만 모든 역경을 헤쳐 나간 여성 영웅 자청비는 사랑의 여신이며 오곡의 씨앗을 가져온 풍요의 여신입니다. 자청비는 '여성적인, 너무나 여성적인' 제주 여성의 원형이며, 남성이 지배하는 세상에서 주체적 여성을 상징합니다. 제주 여성의 부지런함, 자율성, 독립성, 용감함, 객관성, 공동체 정신 등이 두루 확인되지요.

기생 만덕의 노블리스 오블리제

제주 여성 중에 김만덕(1739~1812)이란 의인을 세상 사람들이 주목합니다. 만덕은 어렸을 때 부모님을 여의고 겨우 11세에 제주목 관아의 기생이 되었습니다. 만덕은 양민으로 신분을 바꿔주면 불쌍한 사람을 돌보겠다고 약속하여 20세가 되던 해에 기생 신분에서 간신히 벗어납니다. 이후 제주 시내에 객줏집(길 가는 나그네들에게 음식과 술을 팔고 손님을 재우던 집)을 차리고 특산물인 말총, 미역, 전복, 양태, 우황, 진주 등을 서울에 팔거나 기생 경험을 바탕으로 양반층 부녀자들에게 옷감, 장신구, 화장품을 공급하여 천 냥 부자가 됩니다.

그때쯤 1790년부터 1794년까지 제주에 흉년이 들어 모두가 배고픔에 허덕입니다. 닭과 개를 다 잡아먹어 동물 울음소리가 그치고, 풀뿌리를 뜯어 먹으며 목숨을 부지하던 절박한 상황이었습니다. 이때 만덕은 1천 금을 내놓아 배를 마련한 다음, 육지로 건너가 곡물을 사들여 사람들을 돕는 구호물자로 쓰게 합니다. 만덕의 선행이 나라에 알려지자 왕은 그녀를 궁궐로 불러들입니다.

나라에서는 그녀의 소원을 들어주어 금강산 유람을 시켜 줍니다. 제주 사람들을 육지에 들어오지 못하게 하는 출륙 금지령 속에서 제주 여성이 서울로 올라와 금강산 유람까지 한 것은 대단한 사건이었지요. 그만큼 비천한 기생 출신으로 훌륭한 일을 한 것에 나라에서도 감동하였기 때문입니다. 많은 사람들이 칭송을 아끼지 않았습니다.

　　만덕이 돈을 많이 벌었다고는 하지만 신분이 비천한 그녀에게 노블리스 오블리제(많이 가진 사람이 사회적인 나눔의 역할을 하는 예의)를 요구할 권한은 없을 것입니다. 그럼에도 만덕은 이를 행하였지요. 제주 여성의 기상을 보여 주는 좋은 사례입니다. 만덕의 삶은 기생 출신으로서 모질게 술과 잡화를 팔며 살아간 인생이지만, 무소유를 실천하여 많은 이들이 굶주림을 면하게 합니다. 만덕에게서 제주 여성의 참모습을 살펴볼 수 있겠지요.

김만덕 돌상

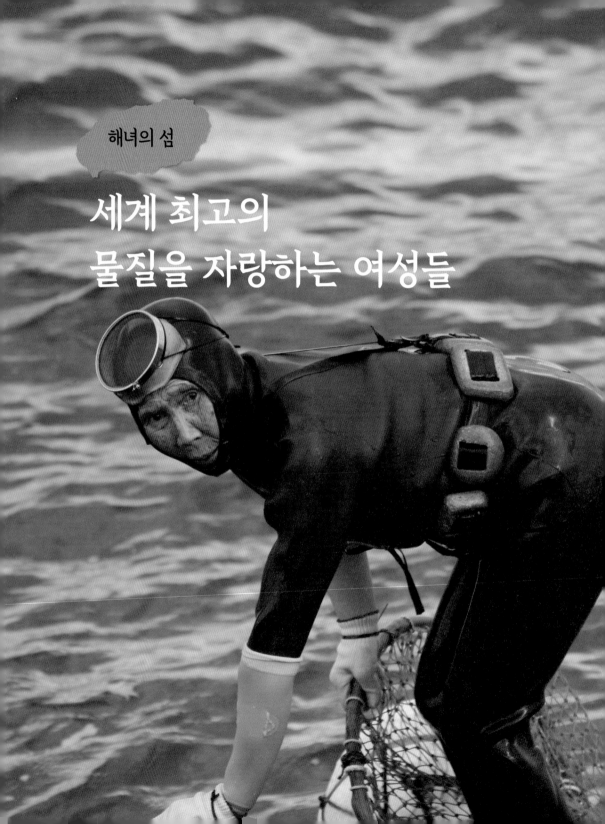

해녀의 섬

세계 최고의
물질을 자랑하는 여성들

나라에 세금을 바치던 해녀

제주의 해녀박물관에서는 해녀를 둘러싼 속담들을 벽면에 써 놓았습니다. 이들 속담을 찬찬히 읽어 보면 해녀들의 강인한 생활력과 투혼을 엿볼 수 있지요.

줌녀 아기 나뒁 사을이민 물에 든다. → 잠녀는 아기 낳고 사흘이면 물에 들어간다.

애기 짐광 메역 짐은 베여도 안 내분다. → 아기 짐과 미역 짐은 무거워도 안 내버린다.

생활력이 강인한 해녀는 언제부터 있었을까요? 고려 문종 33년(1079)에 제주 사람이 큰 진주 2개를 바쳤다는 기사가 《고려사》에 등장합니다. 진주를 캔

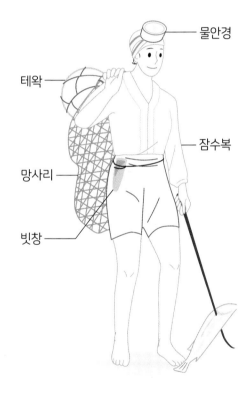

물안경

테왁

망사리

빗창

잠수복

1960년대 해녀 복장

사람이 해남인지, 해녀인지는 알 수 없지만 아마도 남성이었을 것입니다. 조선 시대에 만들어진 《탐라순력도》에는 물질하는 해녀가 그려져 있고 '잠녀'란 표기가 되어 있습니다. 둥근 테왁, 망시리와 함께 소중이(옛 해녀들의 작업복) 차림의 예닐곱 해녀가 사실적으로 묘사되어 있지요.

17세기 전반만 해도 전복을 나라에 바치는 일은 여자만의 의무가 아니었습니다. 해물을 진상하던 남자인 포작이 줄어들자 여성에게 그 의무가 전가된 것입니다. 홀로 남은 과부에게까지 포작의 의무를 덤터기 씌워 추운 겨울에 벌거벗고 물질하러 나가야 했던 슬픈 역사를 어찌 덤덤히 이야기할 수 있겠습니까.

고통받던 잠수들

　신광수란 선비는 자신의 문집에서 잠수 광경을 "일시에 긴 파람으로 숨을 토해 내니, 그 소리 비장하게 움직여서 수궁 깊이 스민다. 인생에 일을 하되 하필이면 이 일인가?" 하고 되물었습니다. 조선 세종 때 제주목사 기건은 눈보라가 하늬바람에 얹혀 매섭게 휘몰아치던 날, 순력(관찰사가 관할 지역을 순회하던 일)에 나섭니다. 엄동설한에 발가벗은 여인들이 무리 지어 바다로 뛰어드는 것을 목격한 목사는 질려 버렸지요. 그 뒤에는 양심이 허락하지 않아 전복이나 소라 따위를 일절 먹지 않았다는 일화가

골목에 그려진 해녀 벽화

전해집니다.

어촌의 삶이 피폐해지면서 사람들이 길거리로 내몰렸는데, 물질하는 이들의 고통은 더욱 극심했습니다. 물질은 결코 만만한 작업이 아니었지요. 물질에는 위험이 따르기 마련입니다. 바닷속에서 해산물을 캐던 해녀가 물 밖으로 나와 참았던 숨을 토해 내는 숨비소리는 바로 숙명적으로 대물림해 온 고난의 탄식입니다. 해녀 중에는 거대한 그물에 걸려서 물고기처럼 죽어간 이들도 있습니다.

추위도 문제이지요. 지금이야 어느 정도 보온이 되는 잠수복을 입지만 예전에는 그 추운 바다에 얇은 소중이만 걸친 반나체로 뛰어들었습니다. 차가운 바닷물에 보통 고생이 아니었을 것입니다. 또한 오래도록 물질을 하면 높은 수압 때문에 잠수병을 앓게 됩니다. 직업병을 숙명처럼 받아들이며 물속으로 뛰어든 것이지요.

독도에 본격 진출하다

일제 강점기는 물론이고, 해방 이후에도 착취는 끝나지 않았습니다. 빛바랜 이 한 장의 사진이 던져 주는 여러 의미를 생각해 볼까요. 오늘날 독도 선착장으로 짐작되는 자갈밭에 일본인 사내들이 쭉 늘어서 있고 여인 세 명이 보입니다. 여인들은 제주 갈옷을 입었지요. 해녀들이 분명합니다. 돈벌이를 위해 제주에서 독도까지 떠나간 것이지요. 해녀가 제주 바다에서만 물질을 해야 했던 것은 아니었음을 알 수 있습니다.

일본에도 해녀들은 존재했지만, 한반도나 중국 등 일본을 떠나 멀리까지 가는 경우는 없습니다. 반면에 제주 해녀들은 동아시아 전체로 진출하는 과

독도로 물질을 나간 해녀들

감성을 보여 주었습니다. 이런 원정 물질은 세계 해양사에서도 유래가 없습니다. 부산, 울릉도, 독도, 흑산도 등 육지로 나가는 해녀들은 너무도 많았고, 심지어 중국이나 러시아, 일본 등 동북아시아 전역으로 나갔습니다.

물질은 헤엄쳐 나가서 하는 갓물질, 15~20명이 함께 배를 타고 나가는 뱃물질이 있습니다. 가까운 앞바르(앞바다)를 벗어나 외국까지 가서 오로지 배에서 먹고 자면서 떠도는 난바르(먼바다)도 있었지요. 해녀들은 한 끼 밥값이라도 아끼기 위해 좁쌀 따위의 양곡을 갖고 다녔으며, 근검절약으로 돈을 모았습니다. 그렇게 억척같이 돈을 모아 살림을 키웠으니 위대한 어머니, 장한 딸이 아닐 수 없습니다.

아기 엄마들은 아이를 품에 안고 젖을 물리면서 물질을 다녔습니다. 어떤 해녀는 물질을 나갔다가 뱃전에서 아기를 낳았다니, 만삭의 해녀들이 출산 직전까지 물질을 했음을 알 수 있지요. 그 애환을 지금의 우리가 어찌 다 알 수 있을까요.

일제에 항거한 해녀들

해녀박물관이 있는 하도리에는 해녀 항일 운동 기념탑이 있습니다. 기념탑에는 야학에서 공부하는 해녀들이 부조로 조각되어 있지요. 마을 청년들의 비밀 교육 통해 해녀들이 각성하는 그림입니다. 일제 강점기 시절, 일본인 제주도사가 해녀들을 착취하자 1932년에 해녀 항쟁 사건이 터집니다. 지도자들의 지휘하에 해녀 천여 명이 세화리 주재소 앞으로 모여듭니다. 당시 인구로 천여 명은 대단한 숫자였지요.

당시에 제주 북동부권에는 해녀들이 많이 살고 있었습니다. 마침 일본인 도사(일제 강점기 시절, 도지사의 감독하에 행정 일을 하던 관리)가 이곳을 지나간다는 소식을 듣고 해녀들은 양손에 비창(전복 따는 도구), 호미 등을 들고 머리에 흰 물수건을 동여맨 채 행진가를 높이 부르면서 거리에 모여들었습니다. 다음은 당시에 불렸던 〈해녀의 노래〉입니다.

우리는 제주도의 가이 업는 해녀들
비참한 살림살이 세상이 아랴.

추운 날 더운 날 비가 오는 날에도

저 바다의 물결에 시달리는 몸.

아침 일찍 집을 떠나 밤이 되면 돌아와

우는 아이 젖 먹이며 저녁밥 진다.

하루 종일 해 봤으나 버는 것은 기막혀

살자 하니 한숨으로 잠 못 이룬다.

분노의 불길은 더욱 높아져 긴급 출동한 경찰과 충돌하기에

해녀 항쟁의 주역들

이릅니다. 해녀 항쟁은 세계에서도 유래 없는 것으로 세계 여성 운동사, 사회 운동사 등을 이야기할 때 한 자리를 당당하게 차지해야 합니다.

불턱에서 시작하여 불턱에서 끝나는 물질

제주 해변도로를 지나가다 보면 간혹 불턱이 눈에 뜨입니다. 불턱은 해녀 문화가 남긴 가장 오래된 문화유산입니다. 해녀의 물질은 불턱에서 시작하여 불턱에서 끝난다는 말도 있지요. 물질 나가기 전에 옷을 갈아입고 불턱에 모여 불을 쬡니다. 찬물에 뛰어든 해녀들은 뭍으로 올라와 잠시 휴식을 취하면서 불턱 주변에 모여듭니다.

불턱은 단순히 몸을 녹이는 공간만은 아닙니다. 애기 해녀가 첫 물질을 어른들에게 신고하는 장소, 기량 뛰어난 어른 해녀로부터 경험을 한 수 배우는 곳입니다. 동네를 떠돌아다니는 미심쩍었던 소문의 진실이 확인되는 곳이며, 심보가 고약한지 아름다운지도 여지없이 들통나 버리는 곳이기도 합니다.

생명의 합창인 숨비소리

해녀 교육은 가정교육과 마을 교육, 더 나아가 해녀 집단의 직업적 전수 교육으로 이루어집니다. 예전에는 16~17세가 되면 물질에 나섰지요. 꼬마들은 연습 삼아 얕은 갓(물가)에서 보말을 잡거나 우뭇가사리를 뜯었습니다. 같이 배운 물질이지만 능력이 모두 같을 수는 없습니다. 헤엄 잘 치고, 채취 잘하고, 신체 건장한 여자를 상군이라 하고 그 밑으로 중군과 하군이 층을 이룹니다.

물질을 하던 해녀가 뭍으로 나와 쉬었던 불턱

사람이 물고기가 아닌 다음에야 숨쉬기가 가장 어렵지요. 해녀들이 숨죽이고 잠수하는 시간을 물숨이라 부릅니다. 호흡을 참다가 잠깐 밖으로 올라왔을 때 참았던 숨이 터지면서 '호잇-' 소리가 저절로 나오는데, 이를 숨비소리라 부릅니다. 살아 있다는 생명의 증거이지요. 검푸른 바다에서 숨비소리가 낮게 울려 퍼짐은 생명의 합창 그 자체입니다.

해녀들은 바다에 갈 때 혼백상자를 등에다 지고 들어간다는 말이 있습니다. 혼백상자란 글자 그대로 '죽은 사람의 영혼을 모시는 상자'입니다. 죽음을 안고서 뛰어든다는 말은 그만큼 늘 죽음을 염두에 두고 험한 바다로 뛰어든다는 말이기도 하지요.

사라지는 해녀들, 사라지는 장인들

오늘날 해녀가 사라지고 있습니다. 노령화도 큰 이유겠지만 물질이 힘들기 때문에 젊은 층이 뛰어들려고 하지 않습니다. 환경 파괴로 바다가 사막화되면서 어족 자원이 사라지고, 전복 따위는 자연산이 거의 사라졌습니다. 또한 물질이 높은 소득을 가

해녀학교의 실습수업

져다주기는 하지만 직업병도 가져다줍니다.

'해녀 한 사람 사라지면 박물관 하나가 사라진다.'는 말이 있습니다. 해녀는 오랜 전통을 전수하면서 바다 생태를 너무도 잘 알고 있는 생활 현장의 장인들이기 때문입니다. 해녀의 전통을 잘 살려 나감은 앞으로 우리 시대의 중요한 과제입니다.

돌챙이의 섬

화산석을 예술의 경지로
끌어올린 돌챙이의 손

석수장이와 돌챙이

    육지에 석수장이(돌로 물건을 만드는 사람)가 있다면 제주에는 돌챙이가 있지요. 아무리 볼품없는 돌멩이라도 돌챙이의 손과 도구만 있으면 생활 예술품으로 바뀝니다. 돌챙이들은 돌하르방을 비롯하여 보리를 가는 물방아, 물허벅에 이르기까지 온갖 생활 도구를 만듭니다. 돌챙이 문화는 제주도 문화 그 자체이며, 제주 생활사의 핵심을 이해하는 길입니다.

    제주도의 돌은 분명히 육지의 돌과 다릅니다. 거칠고 험하게 생긴 돌이지만 돌챙이의 손을 만나면 아름다운 조각품으로 변신합니다. 세월이 가면서 돌 조각에 이끼가 덮이고 비바람에 마모되면 더욱 아름다운 조각으로 변합니다.

    돌챙이가 만들어 내는 살림살

제주의 돌로 만든 조각

이는 너무도 다양합니다. 제주 사람의 모든 생활에서 빠지지 않는 필수품들이지요. 솥을 앉힐 수 있도록 세운 솟덕, 돌로 만든 화로인 돌화리가 있지요. 육지의 맷돌에 해당하는 ᄀ레, 잡곡을 찧는 방아, 부식물을 찧는 돌혹, 물방아로 보리를 찧기 전에 알

돌챙이들의 손에서 만들어진 석물들

맞게 수분을 적셔 주는 보리통, 육지의 연자매에 해당하는 물방아가 있습니다. 지금은 쓰지 않는 물방아지만 제주를 돌아다니다 보면 곳곳에서 쉽게 눈에 띕니다. 또 소주를 만들 때 쓰는 소줏돌, 기름을 뽑아내는 기름틀 등 돌이 쓰이지 않는 곳이 거의 없습니다.

그 밖에도 집 안에 사람이 있고 없음을 표시하는 정낭의 주먹돌, 난방에 쓰이는 굴묵, 마루 가운데에 놓고 불을 피우면 실내 온도를 높여 주던 화로인 봉덕, 조명 용구인 등경돌, 물을 길어 나르는 허벅을 얹어 놓는 물팡돌, 변소에서 돼지를 키우는 통시(또는 돗통)도 있습니다. 너무도 많아 더 이상 열거하기가 어려울 정도입니다.

아름답기만 한 동자석

돌 문화의 으뜸으로 사람들은 대체로 동자석을 내세우지요. 그만큼 아름답기 때문입니다. 황량한 오름의 산담 입구에 서 있는 외로운 동자석은 슬프다고 할까요, 의연하다고 할까요? 죽은 자를 지키는 어려운 역할을 맡았으면서도 아름다운 표정으로 우리의 마음을 편하게 해 줍니다. 야트막한 키에 정감 어린 얼굴로 사람을 마주합니다.

그렇다면 왜 어린아이가 영혼을 지켜 줄까요? 제주 무속 신앙에서 동자(어린아이)는 생명의 상징이기 때문입니다. 육지에서 무덤 앞에 문인과 군인을 상징하는 문관석, 무관석을 세워 놓고 살아생전의 권력을 죽어서도 재연하는 풍경과 달리, 제주의 무덤은 어린아이가 지킵니다. 따라서 제주 동자석을 영혼이 깃든 돌챙이의 명품이라 부르고 싶습니다.

동자석

그렇지만 장식용으로 쓰기 위해 많은 동자석들이 도난당하거나 팔려 나가, 실제 무덤에서 옛 동자석을 마주치기란 쉽지 않지요. 안타까운 일입니다. 문화유산은 제자리에 있을 때 가장 아름답습니다.

육지의 미륵과 다르게 만들어 낸 돌미륵

　미륵불은 불교의 용어로, 훗날 부처가 된다는 약속을 받은 보살입니다. 이런 미륵불을 돌로 새겨 만든 것을 미륵이라고 하지요. 제주 미륵은 땅에서 솟구친 육지 미륵과 달리, 한결같이 바다에서 솟구쳤습니다. 육지에는 은진미륵 같은 유명한 미륵불이 있으며, 곳곳에 은진미륵을 본뜬 미륵불이 만들어졌습니다. 반면에 제주 사람들은 미륵조차도 육지의 미륵과 달리 자신들만의 솜씨로 만들어 냈습니다.

　제주읍성의 동문과 서문 밖에는 미륵이 1기씩 전해옵니다. 제주 사람은 이들을 동자복 미륵, 서자복 미륵이라 부르지요. 바닷가에서 바다를 바라보며 제주 사람을 지켜주고 있는 이들은 보기만 해

제주돌문화공원의 돌미륵

도 푸근한 느낌을 주는 조각입니다. 아기를 낳게 해 달라고 미륵에게 비는 여자들의 모습을 지금도 볼 수 있지요.

제주 문화의 상징인 돌하르방

제주에 다녀온 사람치고 제주의 마스코트 돌하르방 한 쌍이라도 들고 오지 않는 사람이 있을까요? 하르방은 할아버지라는 뜻이니 돌하르방은 '돌 할아버지'가 되겠네요. 돌하르방은 육지에서 유행하였던 돌장승의 영향을 받은 것으로 여겨집니다. 남도의 돌장승이 바다를 건너와 돌챙이를 만나서 제주도식으로 거듭나 돌하르방이 된 것이지요.

조선 후기에 전국에 퍼진 돌장승 같은 민중의 돌 조각품과 돌하르방의 닮은 점을 따져 볼까요? 주먹코, 왕방울 눈, 파격적인 해학성, 푸짐한 표정…. 닮은 게 하나둘이 아닙니다. 각각의 조형물은 나름의 풍토 속에서 자라 나왔기에 약간의 차이가 있을 뿐 생김새는 비슷하지요.

돌하르방은 제주 삼읍이었던 제주목, 정의현, 대정현에 집중

분포되어 있지요. 마을에는 잘 없는 것으로 보아 읍성 수호신이었음이 분명합니다. 삼읍의 돌하르방은 각각 생김새가 다르지요. 제주목 돌하르방은 조금 건방지다고 할까요? 늠름하면서도 거만한 모습으로 서 있습니다. 정의현 돌하르방은 배불뚝이처럼 통통한 몸매로 동글동글합니다. 반면 대정현 돌하르방은 이리저리 차별을 받은 사람들처럼 가난한 민중의 얼굴을 하고 있지요. 같은 돌하르방이라 해도 만들어 낸 돌챙이가 다르면 그 모습이 전혀 다르기 때문입니다.

제주목 동문에 서 있는 돌하르방   ©제주대학교 박물관

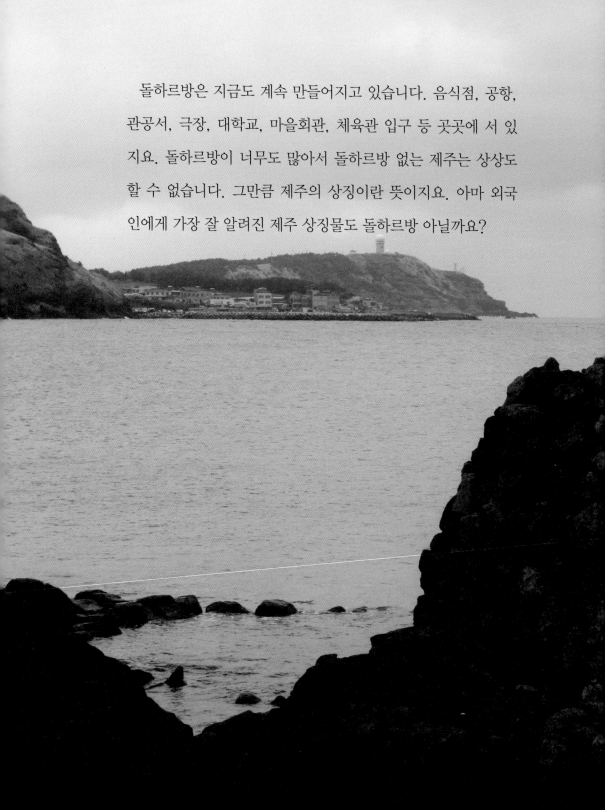

돌하르방은 지금도 계속 만들어지고 있습니다. 음식점, 공항, 관공서, 극장, 대학교, 마을회관, 체육관 입구 등 곳곳에 서 있지요. 돌하르방이 너무도 많아서 돌하르방 없는 제주는 상상도 할 수 없습니다. 그만큼 제주의 상징이란 뜻이지요. 아마 외국인에게 가장 잘 알려진 제주 상징물도 돌하르방 아닐까요?

용수리 포구의 탑

마을을 지켜 주는 돌탑과 거욱대

오늘날 제주 명소마다 흡사 대문을 지켜 준다는 수문장처럼 돌탑이 서 있어 외지인을 맞이하는 걸 볼 수 있습니다. 돌하르방만큼이나 흔한 상징물이기 때문이지요. 돌탑은 마을을 지키는 수호신입니다. 제주에서는 돌무더기탑을 탑, 거욱대, 가마귀, 하르방, 걱대, 방사탑이라 부릅니다.

돌탑에는 육지의 솟대같이 긴 장대의 새, 사람 형태로 만든 돌 등 다양한 생김새를 올립니다. 거욱대는 돌로 사람의 형상을 만들어 세운 것이지요. 풍수지리적으로 마을의 허약한 곳을 보완하기 위하여 돌탑을 세워 마을을 보호하려고 했습니다.

돌탑은 제주만의 독특한 문화는 아닙니다. 육지에도 산간 지방을 중심으로 널리 퍼져 있고 기능도 비슷합니다. 제주 돌탑도 한반도 전체에 퍼져 있는 돌탑 신앙의 한 자락임을 알 수 있습니다. 그러나 풍부하고 다듬기 쉬운 용암석을 이용하여 다양한 돌 조각을 만들어 온 전통이 제주도만의 독특한 돌챙이 문화를 낳았습니다. 재질이 다르면 조각도 달라지는 법이지요.

돌탑도 돌하르방처럼 곳곳에서 현대적으로 세워지고 있습니다. 제주돌문화공원에는 설문대할망을 기리는 거대한 돌탑이 장군들처럼 줄지어 서서 기다리는 중입니다. 앞으로도 돌탑은 계속 세워질 것으로 여겨집니다.

제주 역사의 출발도 돌집으로부터

제주에는 그 밖에도 다양한 돌 문화가 존재합니다. 육지에도 돌로 만든 무덤인 고인돌이 있지만, 제주에는 특유의 화산석으로 빚어낸 선사 시대 고인돌이 존재하지요. 원시적인 동굴 문화, 갈판(밑에 받쳐서 곡식이나 열매 등을 가는 판) 등의 유적·유물이 눈길을 끕니다.

북촌리의 바위 그늘 유적에 있는 용암 바위 아래에는 동굴이 있습니다. 선사 시대 사람들은 동굴 속에서 아기를 낳고 옷감을 만들고 사냥을 하면서 살았겠지요. 제주 역사의 출발 자체가 동굴에서 시작되었음을 알 수 있습니다.

또한 제주에도 불교 석탑이 있습니다. 수정사지 다층석탑, 원당사지 5층석탑 등 육지와는 느낌과 정감이 다른 불탑들이 존재합니다. 보물로 지정된 원당사지 5층석탑은 몽골에 공녀로 끌려갔다가 황후 자리까지 오른 기씨에 의해 세워졌습니다. 기 황후가 아들이 없어 고민하던 중 북두칠성의 명맥이 비치는 곳에서 불공을 드려야 한다는 말을 듣고 절을 세우게 했다는 것이 지요. 법화사지는 13세기 중엽부터 14세기 말까지 원나라의 후

시흥리 방사탑 영등하르방

정의현 돌하르방

원을 받아 제주에서 가장 화려한 사찰 건물로 자리 잡았습니다.

제주가 화산섬인 이상 돌은 끊임없이 나옵니다. 돌챙이들은 그 돌을 가지고 계속해서 새로운 조각품과 생활품을 만들어 나갈 것입니다. 돌챙이의 아름다운 손과 기술을 이해한다면 제주 돌 문화를 충분히 이해한 것이 되겠지요.

테우리의 섬

알프스에는 하이디,
한라산에는 테우리

사라져 간 테우리 전통

부모를 여읜 소녀 하이디는 알프스산맥의 목장에서 혼자 사는 할아버지에게 맡겨집니다. 성격이 밝은 하이디는 고루한 노인의 마음을 점차 누그러뜨리지요. 어느 날 하이디는 병이 난 클라라의 친구가 되어 주기 위해 번화한 프랑크푸르트에 가게 됩니다. 하이디는 도시 생활에 견디지 못하고, 몽유병에 걸려 다시 산으로 돌아옵니다. 그리고 할아버지의 마음을 편안하게 만들고, 눈먼 할머니에게 살아갈 희망을 불어넣습니다.

누구나 읽었을 《알프스 소녀 하이디》의 줄거리이지요. 동화 책에는 알프스 목동들이 계절에 따라 산을 오르내리는 풍경이 그려져 있습니다. 그런데 제주에도 알프스 목동과 비슷하게 산을 오르내리는 목동들이 있었습니다. 그들은 테우리라 불렸지요. 여름철 방목기에 말과 소는 해발이 낮은 곳으로부터 서서히 풀과 나뭇잎이 싹트는 행로를 따라서 올라가다가, 가을이 오면 위로부터 시들기 시작하는 행로를 따라서 하산합니다. 이렇듯 말과 소를 방목하자면 목축 기술자인 테우리가 필요했습니다.

테우리는 농사일에도 힘썼지요. 제주에서는 척박한 화산토

농경을 위해 반드시 휴경(땅을 번갈아 가면서 농사짓는 방식)을 해야
했습니다. 그래서 밭담(밭을 둘러싼 돌담) 안으로 가축을 몰아넣어
똥을 싸게 하여 땅을 기름지게 하는 바령팟을 경영했지요. 경
지를 기름지게 할 양으로 말과 소를 몰아넣어 분뇨를 받는 일을
바령이라 하고, 그 밭은 바령팟이라 불렀지요. 가축의 분뇨를
이용하는 생태적 농업인데, 테우리는 그런 소중한 일도 담당하
였답니다.

수렵 채취 시대에서 농경 목축 시대로

제주에서는 음력 7월이면 백중 마불림제, 혹은 백중제란 제
를 올립니다. 이는 소와 말의 번식을 기원하는 고사(음식을 차려
놓고 신에게 풍요와 행운을 비는 제사)입니다. 백중날에 테우리들은
떡과 밥, 술 등 제물을 갖추어 자기 소와 말을 기르는 목장의 망
을 보는 테우리 동산에 가서 고수레(산이나 들에서 음식을 먹을 때
먼저 조금 떼어 던지는 일)를 합니다. 목축이 잘되길 기원하는 테우
리 고사지요. 보름날에는 말이나 소를 기르는 일반 농가에서도

백중제를 지냅니다. 나라에서도 마조단을 쌓고 말과 소의 무병과 번식을 기원하는 제사를 지냅니다.

테우리는 화산토를 밟아 주기 위해 말 떼를 부리며 구성지게 노래를 하는데 이를 '밧볼리는 소리'라 합니다. 테우리의 노동요가 구성지게 울려 퍼지는 아름다운 전통이었지요. 테우리는 풀어 놓아 기르던 말과 소를 밧줄로 걸고 묶어서 잡아들이는 특수한 기량도 있어야 했는데 미국의 카우보이와 같은 역할이었습니다.

테우리는 언제부터 시작된 것일까요? 두말할 것 없이 사냥을 하고 과일을 따서 생활하던 수렵 시대를 거쳐, 한곳에 정착해서 농사를 지으며 사는 농경 목축 시대에 시작된 것이 틀림없습니다. 제주 삼성 신화에 송아지와 망아지가 이미 등

사냥꾼

장하는 것으로 보아 제주 역사 초기부터 농경 목축이 시작되었겠지요. 말과 소를 키우기 유리한 온난한 기후, 광활한 초원, 맹수도 없는 안전한 섬이란 점을 고려한다면 옛날부터 제주는 목장이 들어서기 안성맞춤이었습니다.

제주에서도 목축 이전에는 사냥을 하는 수렵 채취 생활이 이루어졌습니다. 제주에는 특히 노루가 많지요. 천적이 없는 조건에서 노루가 좋아하는 식물이 널려 있어 노루 천국입니다. 나라에서도 주기적으로 인원을 동원하여 노루를 잡아들였지요.

《탐라순력도》에 〈교래대렵〉 그림이 있습니다. 임금에게 진상하기 위하여 날짐승과 산짐승을 사냥하는 풍경이지요. 삼읍수령과 말 모는 사람 200명,

《탐라순력도》의 〈교래대렵〉

몰이꾼 400명, 포수 120명 등 많은 사람이 동원되었습니다. 하루에 사슴 177마리, 돼지 11마리, 노루 101마리, 꿩 22수를 잡았지요. 이제 사냥 풍습은 사라졌으나 사냥 흔적은 생활 곳곳에 아직도 남아 있습니다.

초원의 바다에서 바다의 초원으로

테우리의 임무 중에는 말 키우기가 중요했습니다. 그렇다면 제주에는 언제부터 말이 있었을까요? 이미 탐라 시대에도 토착 말이 존재하였을 것입니다. 원나라의 지배 이전부터 토착 말이 방목되고 있었고, 토착 검은쉐(흑우)도 존재했지요. 제주마의 명칭은 탐라마, 제마, 토마, 국마, 조랑말 등이 있습니다. 체격은 작지만 몸의 각 부위가 균형 잡혀 있고, 외모가 경쾌하며 얼굴이 넓습니다. 체질이 건강하여 병에 대한 저항력과 생존력이 강하지요. 또 성질이 온순하며 사람을 잘 따릅니다. 털색은 밤색이 가장 많고 적갈색, 회색, 흑색도 있습니다.

토착마는 두 바퀴 마차에 210kg의 짐을 싣고 4시간에 16km

를 걸을 수 있는 괴력을 지닙니다. 하루에 32km씩 22일간 매일 이동해도 견딜 만큼 발굽이 치밀하고 견고하지요. 1901년 한라산을 등정한 독일인 지그프리트 겐테는 제주 토착마의 지구력을 높게 평가했습니다.

"난쟁이처럼 작고 튼튼한 야생마들이 풀을 뜯고 있었다. 육지에서 제주도는 야생마의 원산지로 유명하다. 덥수룩한 겨울털에 싸인 말 은 산악 지대의 혹독한 추위에도 끄떡없는 것 같았다."

소녀 테우리

제주마는 다른 지방의 말과 그 형태와 성질에서 단연 차이가 났지요. 조선 시대에 태종이 제주마를 명나라에 공물로 바치자 천마(天馬) 호칭까지 들었을 정도였어요.

그러나 제주에서의 말 목축은 대체로 몽골 지배기에 본격적으로 추진되었습니다. 유라시아 대륙을 가로지르는 광대한 초원에서 일어나 끝내 초원으로 사라진 원나라가 탐라에도 발을 들여놓은 것이지요. 초원의 바다에서 망망대해의 초원으로 옮긴 것입니다. 이로써 제주 목축의 커다란 줄기가 시작되었습니다.

원나라가 경영하던 탐라총관부는 사실상 목장 경영을 위한 식민 부서였지요. 원나라의 세계 경영 차원에서 본다면 격리된 탐라의 훌륭한 풀밭이 눈에 들어온 것은 당연할 일이었습니다. 맹수 없는 초원인 데다가 격리된 섬이라 가축이 도망치지 못하는 이만한 목장 터가 아시아에 또 있을까요. 평소에 꿈꾸던 파라다이스를 탐라에서 발견했는지도 모를 일이지요.

너무도 먼 곳에서 독립적으로 지배가 이루어졌기 때문에, 원나라에서 파견된 몽골인은 서서히 탐라 사람과 결합했습니다. 제국 경영을 위해 파견된 목축 전문가 목호는 아예 눌러앉아 제

제주의 옛 목장 지도

주 여인과 결혼하여 애 낳고 살면서 대를 이어 말을 키웠지요.
원나라가 망하여 제주에서 사라지자 그들의 뛰어난 목축 기술
도 일시에 사라지는 결과를 빚었지만, 몽골인은 목축 흔적을 제
주 곳곳에 남겨 두었습니다. 그 무엇보다 말 관련 용어에 몽골
어 잔재가 많습니다.

국영 목장에서 마을 목장, 마을 목장에서 개인 목장으로

원나라가 물러가자 그들이 기르던 말은 고려 정부에 속하게 됩니다. 연이어 고려가 망하자 말은 그대로 조선 정부에 인계되지요. 조선 정부는 제주에 국영 목장을 설치하고 말을 세금으로 받아 가게 됩니다. 나라에서는 한라산 해발 200~600m 지대를 10개 권역으로 나누어 10소장을 두고 말을 공출했습니다. 전쟁에 대비하고 의식에 필요한 말을 기르기 위해 목장을 경영한 것이지요.

《탐라순력도》에는 〈공마봉진〉 그림이 있습니다. 진상할 말을 각 목장에서 거둬들여 제주목사가 최종적으로 확인하는 광경이지요. 한 줄로 서서 검열을 기다리는데 테우리들이 저마다 말고삐를 쥐고 서 있습니다. 자신들이 할당받은 말을 애써 키워 관아까지 끌고 와 검사받아야 했던 처량한 신세가 엿보입니다.

나라에서는 목장의 말과 소를 효과적으로 관리하기 위해 말과 소의 호적인 우마적도 작성했습니다. 나이, 털 색깔, 주인 이름을 기록한 우마적을 다섯 통 작성하여 관리했지요. 테우리는

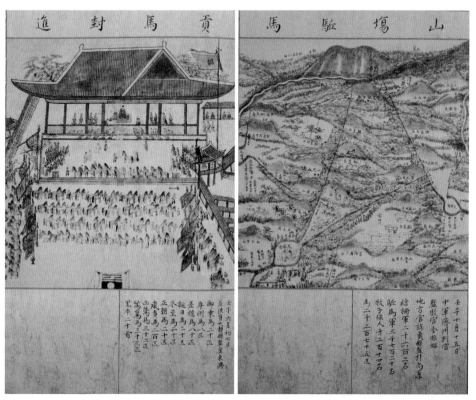

《탐라순력도》의 〈공마봉진〉(왼쪽)은 진상할 말을 확인하는 광경이고, 〈산장구마〉(오른쪽)는 목
장의 말을 점검하는 모습을 나타낸다.

수많은 말을 제대로 관리하고 키워야 했으며, 봄가을로 풀이 자라면 베어 내서 말 먹이로 삼았습니다.

감목관은 온갖 수단을 써서 말 숫자를 채우려고 테우리에게 책임을 씌웠지요. 테우리는 어쩔 수 없이 자신의 재산을 모두 팔아야 할 때도 있었으며, 본인이 비용을 물지 못하면 친인척에게까지 피해를 주었습니다. 테우리 중에는 깊은 골짜기에 들어가 스스로 목숨을 끊거나 말을 살해하여 고난에서 벗어나려는 자도 있을 정도였습니다. 테우리는 비천한 신분으로 여겨졌으며 한번 맡겨지면 숙명처럼 벗어날 수 없는 고역의 길이었습니다.

조선의 국영 목장이 폐지된 뒤에는 마을 목장이 번성했습니다. 마을 사람에게 필요한 말과 소를 공동으로 방목하고 관리하는 마을 목장은 제주인의 삶에 중요한 의미를 지녔지요. 그러나 마을 목장이 돈 많은 개인들에게 서서히 팔려 나가면서 마을 공동체의 목축 전통은 사라지게 됩니다. 마을 목장이 사라지면서 목장은 제주 사람들의 실생활에서 멀어지게 되었지요.

이제 과거와 같은 목장도 사라졌고 테우리도 사라졌습니다. 그러나 제주에는 곳곳에 개인이 운영하는 목장이 남아 있으며,

오늘날의 말 목장

일부 마을 목장도 남아 있어 말과 소를 방목합니다. 관광객들은
제주의 초원에서 말타기를 즐겨하며, 말은 여전히 제주의 상징
동물로 남아 있지요. 너른 풀밭이 남아 있는 한, 제주의 말은 사
라지지 않을 것입니다. 과거의 테우리 전통을 되살리려는 노력
이 필요한 때입니다.

원한의 과일에서
황금의 과일로

귤 바치기는 천 년 풍습

지금은 가장 흔한 과일 중의 하나가 귤이지요. 그러나 고대나 중세 사회에서 귤은 임금과 세도가나 맛볼 수 있는 황금의 열매였습니다. 제주에서만 귤이 났기 때문이지요. 먼 남쪽의 섬에서 바다를 건너와 어렵사리 한양에 도착하는 귤은 귀한 과일이었습니다.

귤의 한 품종인 금감(금귤)

중국 남부의 윈난성이 감귤의 생산과 전파에 중요한 역할을 했을 것으로 추정됩니다. 미얀마 북부를 거쳐서 윈난성에 이르는 상록활엽수림대가 감귤이 잘 자라는 최적의 조건을 갖췄기 때문입니다. 제주는 한반도에서 감귤이 나는 유일한 곳이었으며 지금도 우리나라 최대의 감귤 생산지입니다.

귀하면 탐욕이 생기는 법일까요? 제주 사람들은 해마다 나라에 귤을 바쳐야 했으며, 할당량을 채우기는 너무 힘겨웠지요.

굴을 바치는 역사는 근 천 년 이상 지속되었습니다. 백제와 신라 시대부터 감귤을 공물로 바쳤으니까요. 이러한 전통은 고려를 거쳐 조선 시대까지 이어졌습니다. 1894년에 이르러서야 감귤 진상이 사라졌음은 놀라운 일이지요.

감귤이 최초로 등장하는 문헌은 《고려사》입니다. 고려 문종 6년(1052)에 "탐라에서 바치는 귤의 수량을 1백 포로 개정한다."라고 기록한 대목이 그것이지요. 그러니 그전에도 감귤을 진상했을 것입니다. 귤 바치기가 '천 년 풍습'이었음은 이 같은 기록에 근거한 것이지요.

감귤은 국가 차원에서 세금으로 걷어 갔습니다. 과수원의 감귤나무 숫자 하나하나까지 세어서 감독했습니다. 또한 과실세 제도를 도입하고, 민간에서 재배하는 과실을 수탈하는 불법을 감독하기 위하여 관리를

감귤에 관한 최초의 기록, 《고려사》

파견하는 등 여러 번잡스러운 일이 벌어졌습니다. 《세종실록》에는 세종 8년(1426)에 경상도와 전라도 남해안까지 귤을 심어 시험 재배한 기록이 나옵니다. 제주 귤만 가지고는 부족하다 보니 더 많은 양의 감귤을 진상받기 위해서였죠.

감귤 하나하나를 기록하여 세금 받기

《탐라순력도》에 등장하는 〈감귤봉진〉 그림을 볼까요? 다양한 종류의 감귤과 한약재로 사용되는 귤껍질을 바치고 있습니다. 귤 진상은 9월부터 10일 간격으로 이루어졌습니다. 국가가 정한 과수원을 설치하고 군인으로 하여금 지키게 했습니다. 숙종 시절에는 과수원이 무려 42곳에 달했지요. 그러나 이들 과수원으로는 할당량 채우기에 턱없이 부족했습니다. 그래서 일반 민가의 귤나무도 일일이 조사하여 숫자를 기록해 두었습니다. 낱알을 일일이 세어 세금을 매기던 치사한 수법이네요.

《탐라순력도》의 〈귤림풍악〉 그림에는 풍악을 울리는 놀이판을 그렸습니다. 돌담을 둘렀으며 방풍림으로 대나무를 심었는데 담장 안에 귤나무가 무성하네요. 당시 제주읍성에는 동·서·남·북·중 과수원 5개와 별과원 등 6개의 과수원이 있었지요. 그림을 보니 1702년 당시의 삽읍 귤의 총 결실수를 적어 두었네요.

좋게 보면 치밀한 세금 행정이지만 나쁘게 보면 지독한 착취 방식입니다. 일일이 숫자를 세어 단 하나라도 등록할 정도로 챙

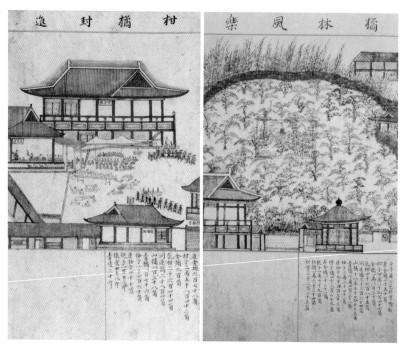

《탐라순력도》의 〈감귤봉진〉　　　《탐라순력도》의 〈귤림풍악〉

기다니요! 감귤이 열매를 맺으면 이를 재배하는 민가에 관리들이 찾아가 열매 하나하나에 꼬리표를 매어 달고, 하나라도 없어지면 엄한 처벌을 내렸습니다. 매년 7~8월에 관리들이 귤이 있는 곳에서 붓으로 하나하나 점을 찍어 장부에 기록하고, 가을이 되어 귤이 익는 날에 장부와 대조하여 납부받았지요.

비바람에 손상을 입거나, 까마귀나 참새가 쪼아 먹으면 집주인이 책임지고 대신 납부해야 했습니다. 해충이나 바람으로 귤이 떨어져서 그 숫자를 채우지 못하는 경우에도 책임을 물었다고 하니, 감귤 재배는 차마 인간이 할 짓이 아니었습니다. 백성들은 귤나무 보기를 독약처럼 하여 더 심으려고도 하지 않았습니다. 민간에서는 귤을 고통을 주는 나무라 하여 더운물을 끼얹어 죽여 버리는 경우가 허다했습니다. 또는 나무그루에 뼈를 박아 놓거나 송곳으로 구멍을 내고 후춧가루를 넣어 나무를 죽였습니다.

귤을 운반하다가 죽어 가고

어렵사리 수확된 귤은 엄격한 검사를 거쳐 배에 싣습니다. 어쩌다 배가 난파되어 사람이 죽는 사건도 자주 일어났지요. 김비의는 성종 8년(1477) 2월에 진상할 귤을 싣고 본토로 가다가 14일 동안 표류하여 류큐 왕국의 윤이도에 다다릅니다. 일행 5명 중에 2명은 죽고 3명만 살아남아 일본 배를 타고 일본을 거쳐 같은 해 6월에 귀환합니다. 그들은 임금의 명령으로 《유구풍토기》를 지었습니다. 인조 18년(1640)에는 "진공선 5척이 바람을 만나 난파되었는데, 물에 빠져 죽은 자가 1백여 명이었다."고 하였지요. 제주 사람에게 귤 농사뿐 아니라 육지로 귤을 나르는 일 자체가 부담이었다는 증거입니다.

천신만고 끝에 귤이 한양에 도착하면 나라에서는 큰 잔치가 벌어졌습니다. 귤이 진상되면 종묘에서 제사부터 지낸 다음, 각 전각과 임금을 가까이 모시는 신하에게 나누어 주었습니다. 귤이 대궐에 들어온 것을 축하하기 위하여 성균관과 서울의 유생에게 황감제란 특별 과거를 열어 주고 감귤을 나누어 주었습니다. 황금의 귀한 과일이 저 멀리 남국에서 올라왔으니 나라에서

다양한 종의 귤들

는 대단한 일이라고 잔치를 벌인 것이지요. 이렇게 서울에서 벌어지는 경사 이면에는 제주 사람의 피눈물이 배어 있었습니다.

한때는 황금 작물이었던 대학 나무

그렇다면 언제부터 우리가 손쉽게 감귤을 먹게 되었을까요?

20세기 초반, 온주밀감이 등장하면서 감귤이 대중적으로 확산 됩니다. 온주밀감은 1911년 프랑스 출신의 타케 신부가 일본에 있는 신부로부터 나무 15그루 받아 서귀포에 심으면서 재배가 시작되었습니다. 같은 해 서귀포 서흥동 출신의 김진려는 일본 구마모토에서 접목 강습을 받고 온주밀감과 위싱톤네이블이란 종자를 제주에 옮겨 심습니다. 1913년에는 서귀포시에 온주밀 감 과수원이 일본인 미네에 의해 시작됩니다. 이로써 오랜 전통 의 제주 토종 종자가 쇠퇴하는 대신, 감귤의 대중화 시대가 열 립니다.

애월읍 하가리의 산귤

감귤은 1965년부터 집중적으로 재배됩니다. 1960~70년대 제주 출신 재일 동포들이 '고향에 감귤나무 보내기 운동'을 전개하면서 온주밀감이 본격 보급돼 지역 경제의 기틀을 다지지요. 드디어 감귤은 '대학 나무'라 불리게 됩니다. 감귤을 팔아서 번 돈으로 자식들을 대학까지 보낸 것을 빗댄 말입니다. 귤을 지천으로 먹을 수 있게 된 역사가 열린 것이고, 그로 인하여 제주 사람이 많은 돈을 벌게 되는 전환점이 마련된 것이지요.

그러나 오렌지로 대표되는 수입 귤이 쏟아지는 오늘날, 감귤 농사는 더 이상 예전 같지 않습니다. 제주는 과거의 영화로운 시절을 마감하면서 새로운 감귤 시대를 준비하고 있습니다.

토종 감귤의 복원을 기대하며

제주에는 지금은 사라진 많은 감귤이 있습니다. 제주 사람들은 종 다양성을 살리고 감귤 산업의 다양성을 추구하기 위하여 여러 종류의 감귤을 재배하기 시작했습니다. 당유자를 비롯해 진귤과 하귤, 병귤, 궁천조생 등 전통적인 우리 감귤이 재배되

감귤 가공 공장

기 시작했지요. 늦게나마 우리 귤의 산 역사를 챙기려는 시도입
니다. 감귤 판매에만 주력하던 제주가 감귤의 문화적 정체성을
새삼 깨닫고 있다는 좋은 징표입니다. 한라봉에 이어 천혜향 같
은 맛있는 귤이 속속 선보이고 있지요. 온주밀감의 단일 종에서
벗어나 다양한 귤을 재배하기 시작하는 새로운 역사가 열리고
있는 것입니다.

돼지고기의 섬

태평양 섬에서는 모두 돼지고기를 즐기지요

제주 사람들이 사랑하는 돼지고기

제주 사람에게 말과 소보다 중요한 가축은 도새기(돼지)입니다. 제주의 크고 작은 잔치에서 돼지고기가 빠지는 일은 생각할 수도 없지요. 도새기가 유명한 곳이니만큼 제주는 돼지 요리가 발달했습니다. 육지에서 찾아온 손님들도 제주의 돼지고기를 사랑하지요.

원래 우리나라 돼지는 검은색이었습니다. 제주에서는 이를 검정 도새기(검정 돼지)라 불렀습니다. 서양에서 들어온 몸집이 커다란 돼지와 달리 검정 도새기는 몸집이 작고 살이 단단합니다. 그래서 돼지고기 자체도 맛이 있지요. 그러나 차츰 몸집이 크고 고기 양도 많은 서양 돼지에게 밀려서 검정 도새기는 줄어들게 되었습니다.

제주 사람들이 돼지를 얼마나 좋아하는지 알려 주는 사

돼지고기 산적

례는 너무도 많지요. 제주의 남자들이 마을의 번영을 위해 행하는 유교 의례 포제 때는 통돼지 한 마리를 턱 하니 올려 둡니다. 또 돈지당이라는 돼지를 바치는 신당도 있었지요. 수렵 시대부터 멧돼지가 노루와 더불어 중요한 사냥감이었기 때문에 신에게 돼지를 바치는 신앙도 그대로 남아 있습니다.

구좌읍 김녕리 본향당인 궤네깃당에 모시는 돗제 때는 돼지를 잡아서 본향당신이나 돗고기를 먹는 신에게 바치고 나누어 먹습니다. 돗제는 '돗(돼지)+제'의 합성어입니다. 돼지 제사라는 뜻이지요. 신에게 돼지를 바치고 같이 나누어 먹는다는 뜻입니다. 공동체가 다 함께 돼지고기를 즐기는 돗추렴 전통도 있어서, 1970년대 전후까지만 해도 시골에서는 동리 사람들이 모여서 함께 돼지를 잡았습니다. 돼지를 잡아 털을 뽑고 그을린 뒤 전체를 14분하여 거두어들인 금액에 따라 공정하게 배분합니다. 그런데 돗추렴은 사실 제주만의 문화는 아닙니다. 태평양 지역 사람들도 제주식 돗추렴을 즐기고 있지요. 그런 지역들에서는 '돼지 잡는 날'이 바로 축제 날인 셈입니다.

공동체성이 강하게 드러나는 돼지 문화로 몸(몸)국이 중요합니다. 큰일에 돼지를 잡아 추렴할 때 다 함께 먹는 몸국은 돼지

모자반탕입니다. 단순한 국물 음식이 아니라 진하고 오래 끓이는 탕국이지요. 돼지고기를 삶는 과정에서 생긴 국물에 몸(모자반)을 넣고 끓이다가 메밀가루를 풀어 걸쭉하게 만듭니다. 잔칫집에서는 잔치 전날, 상갓집에서는 상여가 나가기 전날에 돼지를 삶았던 가마솥에서 만듭니다. 몸은 제주 연안에서 봄에 채취하여 말려 두었다가 사용하지요. 오래 끓여 낸 돗국물은 진한 맛이 우러나야 제격입니다.

제주 사람의 잔치나 초상에 몸국이 빠지는 일은 있을 수 없지요. 몸국 먹는 큰일에 참여하지 않거나 초대에 응하지 않으면 사회에서 소외될 정도로 몸국은 공동체적인 음식입니다. 몸국을 나누어 먹으면서 끈끈한 정을 확인하고 나눔을 생각하는 풍습은 오늘날까지도 이어집니다.

모자반은 섬유질을 비롯한 각종 무기질과 생리 활성 물질이 풍부하지요. 오키나와에서도 돼지고기와 해조류를 함께 먹기 때문에 장수한다고 믿습니다. 몸국과 더불어 고사리를 넣고 끓인 고사릿국, 혹은 고사리 육개장도 중요합니다. 제주가 장수의 섬임을 기억한다면, 아마도 이 같은 몸국이 도움을 준 것으로 생각됩니다.

남방의 돼지고기 문화

돼지고기도 남방 문화입니다. 돼지고기가 남방 문화란 사실은 여러 가지로 증명됩니다. 좋은 예는 돔베국수입니다. 돼지고기를 우려낸 국물에 국수를 말고 그 위에 돼지고기를 얹어서 먹는 국수를 돔베국수라고 부르지요. 오키나와나 일본 남쪽인 규슈에서도 국수나 라면에 돼지고기를 얹어서 먹습니다. 한반도 본토에서는 돼지고기보다 소고기를 국수에 얹어 먹지요.

돗통시(똥돼지)도 남방 문화입니다. 돗통시는 오키나와 같은 남쪽에서도 두루 발견됩니다. 대체로 태평양 지역에서는 돼지가 중요합니다. 태평양에서 소와 말과 양은 본디 없던 동물입니다. 서태평양 북쪽의 미크로네시아로부터 북마리아나 제도, 오키나와 제도 그리고 제주에 이르는 광대한 태평양 문화권이 돼지고기 문화권이지요. 환태평양에 드넓게 퍼져 있던 돼지 문화를 깊이 간직한 곳 중 하나가 제주라는 뜻입니다.

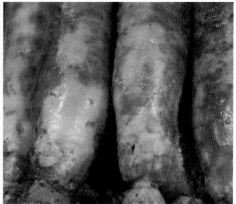

제주도 순대

자원 순환의 본보기인 돗통시

제주 돼지 문화의 으뜸은 역시 돗통시입니다. 통시(변소)에 보릿짚을 깔고, 돼지가 눈 똥에 썩힌 짚을 화산재 날리는 보리밭에 뿌립니다. 사람이 음식을 먹고, 그 음식으로 생성된 분뇨를 돼지가 먹고, 돼지의 똥과 함께 거름으로 변한 보릿짚은 보리밭에 뿌려지고, 다시금 사람이 보리를 먹는 생태 순환이지요.

현대인은 똥을 지저분한 것으로만 여깁니다. 청결을 위한다는 말로 수세식 변기를 무기로 삼아 똥을 모독하고 무시합니다. 그러나 제주 사람의 똥 사랑은 유별났지요. 똥은 결코 버릴 수 없는 황금의 비료였습니다. 제주 사람들은 사람 똥, 소똥, 돼지 똥 가릴 것 없이 각각의 용도에 맞게 퇴비로 만들어 밭에 뿌렸습니다. 몸에서 나온 배설물을 자연으로 되돌리는 자연계 순환이 이루어졌습니다.

제주 사람들은 보리씨와 돼지 거름을 섞어서 밭에 뿌렸습니다. 척박한 화산토가 바람에 씨앗을 날려 버리는 것을 막기 위해 만들어진 지혜로운 농사법이었지요. 돼지가 먹을 사료를 사람의 똥으로 해결하고, 돼지가 눈 똥은 보리밭에 뿌리는 똥돼지

돗통시

문화가 자연스럽게 이루어졌습니다. 결국 똥 처리, 사료 조달, 비료 공급이라는 일거삼득, 일석삼조의 효과를 거두었습니다.

물론 똥돼지라고 하여 똥만 먹은 것은 아닙니다. 고구마 찌꺼기, 보리, 조 등 잡곡을 씻었던 물, 부엌에서 나오는 구정물과 곡식 껍질을 섞은 것이 모두 돼지의 먹거리였습니다. 사람도 먹을 것이 없던 형편에 음식물 찌꺼기의 양은 한계가 있었지요. 그렇기 때문에 각종 음식물 찌꺼기를 잘 모으는 것은 중요한 일이었습니다.

오늘날 생태 환경의 문제가 나날이 심각해지면서 자연에서 얻은 것을 자연으로 되돌려 주는 재활용이 부쩍 주목받고 있습니다. 그런 점에서 돗통시는 가장 완벽한 재활용입니다. 구제역 파동으로 수많은 소와 돼지를 산 채로 구덩이에 쓸어 넣고 있는데, 이것은 동물을 좁은 장소에 모아 기르는 방식인 공장식 축산에 의해 발생했습니다. 인간이 기르던 가축을 구덩이에 쓸어 넣는 잘못을 저지르는 중이지요. 이럴 때일수록 인간과 동물이 평화로운 관계를 맺었던 제주 돗통시의 생태성을 다시 생각하지 않을 수 없습니다.

되살려야 할 검은쉐

    제주 사람들이 돼지를 좋아한다고 하여 소가 없던 것은 아니지요. 검은 도새기가 있다면 검은쉐(검정소)도 중요합니다. 이는 제주도의 사라진 목축 풍습 중의 하나이기도 합니다. 제주 신화에서 검은 암쉐(암소)는 생산력과 주술력이 뛰어난 소로 여겨집니다. 부모의 미움을 받아 쫓겨나지만 행하는 일마다 부와 행운을 누리는 가믄장아기가 집을 떠날 때 데리고 가는 가축도 검은

소 역학 조사 중인 모습으로 왼쪽이 검은쉐, 오른쪽은 누렁쉐(1970년)

암소입니다.

이원진은 《탐라지》에서 제주도의 소는 검정이, 누렁이, 알록이 등 여러 종류가 있다고 했습니다. 《중종실록》에서는 "민간에는 흑우가 적으나 황우는 쉽게 구할 수 있다."고 하였지요. 검은쉐는 나라에서 제사에 쓸 용도로 매년 공납을 받았습니다. 검은쉐가 국가 제사에 쓰는 진상품이었기 때문에, 검은쉐를 바치기 위해서 제주 사람은 많은 고생을 해야 했지요. 오늘날 검은쉐는 거의 사라졌습니다.

검은쉐

조선 시대에는 풍요를 기원하는 제사를 지낼 때 나무로 만든 마소를 끌곤 했다.

일본 남부와 오키나와, 타이완, 인도네시아 같은 남방에서도 검은 소를 많이 키웁니다. 검은 소 역시 돼지 문화와 마찬가지로 남방에서 올라왔음을 알 수 있지요. 검은 소는 고기 맛이 뛰어나기 때문에 일본에서는 비싼 가격에 팔리고 있습니다. 제주의 검은쉐를 대대적으로 복원하는 건 제주 지역 경제의 미래를 위해서도 소중한 일입니다. 제주의 검은 도새기와 더불어 검은쉐를 잘 보존해 나가는 일은 우리 앞에 놓인 중요한 과제입니다.

주강현

제주대학교 석좌교수를 지냈으며 한평생 우리 문화와 바다에 관해 연구했습니다. 특히 오랫동안 제주도를 해양문명 관점에서 연구했으며, 현재 제주도에 갤러리와 도서관 등이 결합된 '라키비움 바다'를 만들고 있습니다. 포르투갈 해양학술원 회원으로 세계 바다를 답사하며 해양문명사를 연구하고 있습니다. 지은 책으로 《해양실크로드 문명사》, 《독도강치 멸종사》, 《독도견문록》, 《제국의 바다 식민의 바다》, 《환동해 문명사》, 《관해기》, 《등대의 세계사》, 《제주기행》, 《조기 평전》 등이 있습니다. 어린이책으로는 《강치야 독도야 동해바다야》, 《주강현의 우리 문화》, 《명태를 찾습니다!》, 《조선 사람 표류기》 등을 썼습니다.